BÁSICO EM TESOURARIA

ROTINAS E PROCEDIMENTOS OPERACIONAIS

2ª EDIÇÃO

Dados Internacionais de Catalogação na Publicação (CIP)
(Jeane Passos de Souza – CRB 8ª/6189)

Souza, Márcio Barros
    Básico em tesouraria: rotinas e procedimentos operacionais / Márcio Barros Souza, Renato Torquato. – 2. ed. – São Paulo: Editora Senac São Paulo, 2019.

    Bibliografia.
    ISBN 978-85-396-2721-9 (Impresso/2019)
    e-ISBN 978-85-396-2722-6 (ePub/2019)
    e-ISBN 978-85-396-2723-3 (PDF/2019)

    1. Administração financeira 2. Tesouraria I. Torquato, Renato. II. Título.

    19-916s   CDD – 658.151
                                         BISAC BUS001010

Índice para catálogo sistemático
1. Administração financeira : Tesouraria   658.151

Márcio Barros Souza e Renato Torquato

BÁSICO EM TESOURARIA
ROTINAS E PROCEDIMENTOS OPERACIONAIS

2ª EDIÇÃO

Editora Senac São Paulo – São Paulo – 2019

ADMINISTRAÇÃO REGIONAL DO SENAC NO ESTADO DE SÃO PAULO
Presidente do Conselho Regional: Abram Szajman
Diretor do Departamento Regional: Luiz Francisco de A. Salgado
Superintendente Universitário e de Desenvolvimento: Luiz Carlos Dourado

Editora Senac São Paulo
Conselho Editorial: Luiz Francisco de A. Salgado
Luiz Carlos Dourado
Darcio Sayad Maia
Lucila Mara Sbrana Sciotti
Jeane Passos de Souza

Gerente/Publisher: Jeane Passos de Souza (jpassos@sp.senac.br)
Coordenação Editorial/Prospecção: Luís Américo Tousi Botelho (luis.tbotelho@sp.senac.br)
Márcia Cavalheiro Rodrigues de Almeida (mcavalhe@sp.senac.br)
Administrativo: João Almeida Santos (joao.santos@sp.senac.br)
Comercial: Marcos Telmo da Costa (mtcosta@sp.senac.br)

Edição e Preparação de Texto: Ivone P. B. Groenitz
Revisão de Texto: Carolina Hidalgo, Gabriela L. Adami (coord.)
Editoração Eletrônica: Marcio S. Barreto, Sandra Regina dos Santos Santana
Ilustrações: Bruno Mazzilli
Capa: Antonio Carlos De Angelis
Ilustração da Capa: iStockPhoto
Impressão e Acabamento: Gráfica CS Eirelli

Proibida a reprodução sem autorização expressa.
Todos os direitos desta edição reservados à
Editora Senac São Paulo
Rua 24 de Maio, 208 – 3º andar – Centro – CEP 01041-000
Caixa Postal 1120 – CEP 01032-970 – São Paulo – SP
Tel. (11) 2187-4450 – Fax (11) 2187-4486
E-mail: editora@sp.senac.br
Home page: http://www.editorasenacsp.com.br

© Editora Senac São Paulo, 2016

SUMÁRIO

NOTA DO EDITOR — 7
APRESENTAÇÃO — 9

1. Organização das empresas — 13
   - Organizar: uma função administrativa 13
   - Formas de organizações jurídicas 15
   - Estrutura organizacional 18

2. Organização da tesouraria — 23
   - Organização da gestão financeira nas organizações 23
   - Organização específica da tesouraria 25

3. Economia: PIB, inflação e taxas de juros — 37
   - Contexto econômico 37
   - Produto Interno Bruto (PIB) 39
   - Inflação 41
   - Indicadores de inflação 43
   - Taxas de juros 46

4. Relacionamento com as instituições financeiras — 51
   - Sistema financeiro nacional 51
   - Bancos 53
   - A moeda e os meios de pagamento 55
   - Sistema de Pagamentos Brasileiro 56
   - Cartão de crédito ou débito 58
   - Cheque 60
   - Boleto bancário 66
   - Principais linhas de crédito bancário 68
   - Principais aplicações financeiras 74

5. Fundamentos de cálculos financeiros — 89
   - Matemática financeira 89
   - Regime de capitalização dos juros 90
   - Juros simples 92
   - Juros compostos 95
   - Taxas equivalentes 96

6. Administração do fluxo de caixa — 99
   - Fluxo de caixa e disponibilidades financeiras 99
   - Planejamento do fluxo de caixa 103
   - Controle do fluxo de caixa 115
   - Administração do contas a pagar 117
   - Administração do contas a receber 122
   - O fechamento diário de caixa e banco 127

7. Controles internos — 135
    Riscos operacionais 135
    Controle interno nas organizações 135
    Riscos de fraude, conluio e erro 138
    Controles preventivos × controles detectivos 140
    Relação custo × benefício dos controles internos 143

CONSIDERAÇÕES FINAIS — 147

BIBLIOGRAFIA — 153
    Fontes para consultas 154

NOTA DO EDITOR

O auxiliar de tesouraria é um profissional que colabora com a manutenção e com o bom andamento das atividades do departamento de tesouraria de uma empresa. É ele que, dentro da área financeira, monitora e realiza operações com um dos recursos mais importantes da organização: o dinheiro. Entre as responsabilidades deste profissional está o desenvolvimento das rotinas básicas de uma empresa, como contas a receber, contas a pagar e controle de caixa. Uma de suas principais funções é contribuir para que a organização chegue aos melhores resultados.

O livro *Básico em tesouraria* apresenta os conceitos de tesouraria de forma prática e com uma abordagem operacional, explicando seu funcionamento, seus processos e seus controles, e fornecendo ferramentas que são essenciais para a atuação do auxiliar de tesouraria dentro da empresa e para o desenvolvimento de suas competências.

O Senac São Paulo oferece mais esta publicação para a formação do auxiliar de tesouraria, contribuindo com seu aperfeiçoamento profissional.

APRESENTAÇÃO

O auxiliar de tesouraria é um profissional muito importante para a manutenção e para o bom andamento das atividades de uma empresa ou de qualquer entidade organizacional (entidades públicas, entidades assistenciais, filantrópicas, etc.), uma vez que ele opera e controla um dos recursos mais preciosos da organização: o dinheiro. Sendo um integrante da área financeira, é esse profissional que desenvolve as rotinas básicas de recebimento, pagamento e controle do fluxo de caixa, contribuindo para a conquista dos resultados corporativos almejados.

Contudo, há procedimentos operacionais de uma tesouraria que as entidades organizacionais – em especial as pequenas e médias empresas – desconhecem ou negligenciam, por isso acabam incorrendo em várias falhas que podem comprometer a sua saúde financeira.

Este livro apresenta, de forma prática, os conceitos fundamentais de uma tesouraria, bem como seu funcionamento, seus procedimentos, suas operações e seus controles. Assim, fornece as ferramentas fundamentais para que o auxiliar de tesouraria cumpra seu papel na organização em que atua e desenvolva suas competências profissionais. Além disso, estimula uma visão sistêmica e global da empresa, enfatizando as relações da tesouraria com as demais áreas funcionais.

Nesse sentido, a originalidade do livro está na abordagem operacional, voltada para a execução das atividades e procedimentos que devem existir em qualquer tipo de entidade organizacional. As obras similares normalmente abordam a "gestão do fluxo de caixa" de forma mais tática e estratégica, enfatizando a necessidade de planejamento financeiro, o que, embora seja extremamente importante para a subsistência das entidades, não é exatamente a demanda com a qual se confrontam os profissionais que iniciam a sua carreira como auxiliar de tesouraria.

Com uma abordagem que vai do geral para o específico, o livro está dividido da seguinte forma: o capítulo "Organização das empresas" aborda a maneira como as empresas se organizam, tanto do ponto de vista jurídico quanto de estrutura organizacional, para a execução de suas atividades e funções. Dessa maneira, busca fazer o leitor perceber a estruturação sistêmica das diferentes áreas funcionais, visando à consecução de seus objetivos organizacionais (normalmente a geração de riqueza para o proprietário).

No capítulo "Organização da tesouraria", inicia-se a abordagem específica da tesouraria na área funcional. A forma como ela está inserida e organizada dentro da área financeira é o início da jornada. Por isso, enfatizam-se todas as suas funções e atribuições, para que o leitor compreenda e incorpore as responsabilidades da área. Obviamente é o momento de se deparar com a missão mais nobre da tesouraria: a gestão do fluxo de caixa. Dessa forma, ele passa a conhecer a necessidade de se elaborar o planejamento de caixa, instrumento vital para a sobrevivência de qualquer entidade.

Como uma pausa das atividades operacionais, o capítulo "Economia: PIB, inflação e taxas de juros" apresenta alguns conceitos de economia que impactam fortemente o cotidiano das organizações e por consequência o da tesouraria. Uma vez que economia e finanças caminham lado a lado, o leitor é convidado a entender o Produto Interno Bruto (PIB) como medida comparativa da produtividade do mercado, bem como os indicadores de inflação e seu impacto corrosivo no poder aquisitivo da moeda, e também as taxas de juros praticadas no mercado financeiro.

A seguir, no capítulo "Relacionamento com as instituições financeiras", apresentaremos um dos principais parceiros de trabalho da tesouraria: as instituições financeiras. Nesse tópico, aborda-se desde a estrutura macro do Sistema Financeiro Nacional (SFN) e seus diversos componentes (Banco Central, bancos públicos e privados, instituições financeiras, etc.), passando por questões relacionadas aos meios de pagamentos usuais (cheque, boleto, TED, DOC, etc.), linhas de crédito bancário (para os momentos difíceis), modalidades de aplicações financeiras (para os momentos tranquilos), até as questões básicas para a manutenção de uma conta corrente bancária.

Na sequência, antes de adentrar as funções específicas e operacionais da tesouraria, o capítulo "Fundamentos de cálculos financeiros" convida o leitor a conhecer um pouco da matemática financeira. Destacando a questão do valor do dinheiro no tempo, são apresentados os cálculos básicos de juros, descontos e taxas, por meio dos sistemas de capitalização por juros simples e compostos.

No capítulo "Administração do fluxo de caixa" encontram-se os conteúdos específicos das operações e procedimentos da tesouraria. Começando pela importante função estratégica de planejamento e controle do fluxo de caixa, e seguindo pelas funções cotidianas:

- **Contas a receber:** de onde vêm os recebimentos das vendas da empresa.
- **Contas a pagar:** de onde saem os pagamentos das compras e das obrigações da empresa.
- **Caixa:** onde se faz a compilação dos recebimentos e pagamentos para a administração da escassez ou folga de recursos.

O capítulo "Controles internos" apresenta a importância dos controles internos da tesouraria para salvaguardar os ativos financeiros da organização. São apresentados os principais riscos operacionais que envolvem o cotidiano organizacional, resultando em perdas onerosas. Dentre eles, destacam-se os originados por fatores endógenos (internos), que normalmente são passíveis de identificação e controle, como as ocorrências de fraudes e de erros.

Finalizando o livro, as "Considerações finais" levam a uma reflexão sobre as tendências para a área, em especial a informatização das empresas, que tem sido potencializada por meio da imposição, pelo governo, do Sistema Público de Escrituração Digital (Sped), em especial pela Nota Fiscal Eletrônica.

1. ORGANIZAÇÃO DAS EMPRESAS

Organizar: uma função administrativa

› Figura 1 – Equipe

Que relação se estabelece entre um time de futebol e uma empresa? Como ambos se organizam? O que faz um time de futebol ser competitivo e vencedor? Por quê? Além dos jogadores, o que mais é importante em uma equipe? E na empresa?

O primeiro passo para montar um time de futebol, mesmo que seja para uma partida de fim de semana, é pensar em como organizá-lo. Obviamente convidamos os "atletas" de plantão, que formarão a equipe para – em conjunto – cumprir um objetivo: diversão, entretenimento, redução do sedentarismo, ganhar campeonatos, etc. No momento da organização, alguns pontos-chave são levantados, tais como o número de jogadores, a posição em que cada um jogará, quem será o adversário, qual será o nome do time, quem será o capitão, entre outras tarefas organizacionais.

Percebe-se aí que mesmo para uma atividade simples, como montar um time de futebol para uma partida, será necessário realizar uma das atividades do administrador, que é a organização. Entre as definições encontradas sobre o conceito de administração, destacam-se aquelas que o consideram como sendo o processo de planejar, organizar, liderar e controlar o uso de recursos para objetivos de desempenho. Veja que para montar tanto um time de futebol quanto uma empresa é importante desempenhar funções básicas de um administrador, ou seja, planejar, organizar, dirigir e controlar.

Aqui não se pode perder a oportunidade de relembrar quais são essas funções, a fim de compreender as tarefas que serão desenvolvidas pela tesouraria. Em vários momentos serão abordadas determinadas situações partindo da premissa de que o leitor já conhece pelo menos alguns fundamentos básicos de administração, sobre os quais encontrará maior detalhamento na obra de Kubica & Carvalho (2014). Mas veja uma síntese do assunto no quadro a seguir:

QUADRO 1 – FUNÇÕES DA ADMINISTRAÇÃO	
PLANEJAR	• Analisar quais são as possíveis ações que poderão garantir o futuro da empresa. • Verificar quais caminhos a empresa seguirá e de que forma esses caminhos serão trilhados. • Traçar objetivos claros e decidir a melhor forma de alcançá-los.
ORGANIZAR	• Avaliar os recursos disponíveis e organizá-los de forma a obter os melhores resultados.
DIRIGIR	• Liderar, conduzir a empresa, administrar os recursos e as pessoas para que os planos sejam cumpridos e os objetivos alcançados.
CONTROLAR	• Verificar se os objetivos estão sendo alcançados e traçar planos alternativos caso não sejam atingidos.

Fonte: Kubica & Carvalho (2014, p. 19).

Chiavenato (2014, p. 18) vai além, complementando que "a administração envolve um complexo de decisões e ações aplicado a uma variedade de situações em uma ampla variedade de organizações". Por isso, quando se fala em tesouraria, não se refere apenas a um tipo restrito de organização, como uma empresa, mas sim a inúmeras outras formas de se organizar. O time de futebol poderia ser um exemplo de organização.

Imagine, por exemplo, que o administrador do time precisa arrecadar recursos para pagar o aluguel do campo ou a inscrição no campeonato. Ele fará o rateio das despesas para que cada atleta dê um valor em dinheiro. Ou então buscará outra fonte de recurso, como um patrocínio. Depois, efetuará o pagamento do aluguel do campo e, se a turma for animada, pagará os ingredientes do churrasco para comemorar a vitória – merecida, com toda essa organização. Fazendo isso, ele estará atuando como tesoureiro.

Por enquanto, enfocaremos a função de organizar. No caso do time de futebol, após avaliar os recursos disponíveis – os atletas de plantão – será necessário organizá-los para obter os melhores resultados. Se o objetivo organizacional for apenas diversão, a forma de organizar o time será mais tranquila – não precisa se preocupar muito em obter os melhores desempenhos. Porém, se a intenção for ganhar o campeonato, todo o aparato organizacional pode ser necessário para alcançar o objetivo, ou seja, a vitória.

As posições em campo são um bom exemplo de divisão das tarefas. Imagine um time com 10 goleiros e apenas 1 centroavante? Não dá. Em uma partida de futebol são necessários 1 goleiro e 10 jogadores de linha, além dos reservas, é claro. Não se pode esquecer que o futebol – alegria nacional – é composto de um conjunto de regras e ordens. Cada jogador em campo tem uma função, que somadas levam o time ao seu objetivo específico – o gol – e ao objetivo principal – a vitória.

Se a partir daí o time começar a dar resultado, a estrutura organizacional pode ficar mais complexa, com a contratação de um treinador, uma comissão técnica, um fisioterapeuta, um nutricionista, etc. Para não virar bagunça, é necessário estruturar tudo isso a fim de definir o papel e a função de cada um, conforme é citado adiante.

A exemplo do que ocorre nos times de futebol e no esporte de maneira geral, as empresas precisam se organizar, planejar suas metas de curto, médio e longo prazos para se manterem ativas no mercado, melhorar sua eficiência, gerar mais empregos diretos e garantir uma boa rentabilidade para os investidores.

Formas de organizações jurídicas

Em princípio, podemos chamar uma empresa de organização, porque ela possui ordem e regras como o que se vê em uma equipe esportiva, em nossos lares, em um ambiente escolar, em uma colmeia, etc. Porém, conforme já foi mencionado, este livro não se aplica somente a empresas, mas também a outros tipos de organizações formais. Por isso, é preciso que o leitor compreenda a definição utilizada aqui.

No livro *Mas, afinal, o que é essa tal de organização?*, Latorre apresenta uma análise detalhada dos conceitos que envolvem as organizações, convidando o leitor a olhá-las por meio de uma nova lente: a metáfora da organização como uma pessoa, um ser que possui personalidade, corpo e alma.

Vamos assumir como definição conceitual a coordenação intencional de esforços das pessoas para atingir um objetivo comum. Mas tal definição pode ser atribuída a inúmeras formas de organizações. Por isso Latorre (2015, p. 21) destaca a diferenciação básica entre organização social e organização formal:

Organização social – na qual se enquadram a família, as tribos, os grupos étnicos, os grupos de amigos, dentre outros.

Organização formal – na qual se enquadram as empresas, as escolas, as igrejas, as organizações não governamentais, entre outras. Neste livro, são tratadas as organizações formais, as quais foram constituídas por pessoas com um determinado propósito para atingir um objetivo. Em alguns casos elas podem ser chamadas de organizações empresariais, mas teríamos que deixar de fora outros tipos de organizações formais, como sindicatos, associações de profissionais, clubes de serviços – como o Lions e Rotary –, igrejas e templos ecumênicos, etc.

As empresas são organizações formais que em geral atuam como um organismo econômico em prol dos interesses de uma pessoa, que se denomina empresário. Define-se empresário, empreendedor, como aquele que, ao ter a ideia de explorar um ramo de negócio, estruturou-se juridicamente para realizar uma ou várias atividades, tais como comércio, indústria, agricultura, prestação de serviços, bancos, entre inúmeras outras. Seu principal objetivo econômico é o lucro, a fim de remunerar o capital empregado no empreendimento. São exemplos de empresas: supermercados, atacadistas de alimentos, lojas de confecções, escritórios de contabilidade, distribuidoras de bebidas, transportadoras, clínicas médicas, bancos, agências de viagens, e mais uma infinidade de negócios.

Veja a seguir alguns tipos de empresas constituídas:

- **Individual:** quando o empresário exerce individualmente sua atividade, não possuindo sócio. Geralmente não possui funcionários, mas isso não é um requisito, ou seja, ele pode ter funcionários. É diferente do autônomo, que exerce uma atividade mercantil.

- **Microempreendedor Individual (MEI):** foi criado pela Lei Complementar nº 128/08 e entrou em vigor a partir de 1/7/2009. Trata-se da pessoa que trabalha por conta própria e que legalmente se torna pequeno empresário. Para ser enquadrado como MEI é necessário faturar no máximo até R$ 60.000,00 (sessenta mil reais) por ano e também não participar de outra empresa como sócio ou titular. Pode ter até um empregado que ganhe até um salário mínimo ou o piso da categoria. A grande vantagem é a forma simplificada de recolhimento dos tributos.

- **Sociedade por quotas de responsabilidade limitada (Ltda.):** é o tipo mais comum de empresa, constituída quando duas ou mais pessoas exercem uma atividade econômica formal na indústria, no comércio ou nos serviços. O capital dessa empresa está dividido em cotas, por isso ela é chamada de cotista. É facilmente reconhecida pela sua razão social – nome da pessoa jurídica –, pois geralmente carrega a expressão "Ltda." ao final do nome.

- **Sociedade Anônima ou Sociedade por Ações (S.A.):** está regida originalmente pela Lei das Sociedades Anônimas (Lei nº 6.404/76) e alterada pela Lei nº 11.638/07, que passou a valer a partir de 2008. Neste caso, o capital da empresa está dividido em ações, por isso os seus sócios também são chamados de acionistas. Geralmente possui em sua razão social a expressão "S.A." – por exemplo, Banco do Brasil S.A.

Entre as demais organizações formais, podemos citar:

- **Organizações governamentais:** são as prefeituras, secretarias, autarquias, etc.

- **Organizações não governamentais:** também conhecidas popularmente por ONGs. Nelas estão contemplados os grupos sociais organizados sem finalidade lucrativa que atuam no campo das políticas públicas em defesa do interesse das populações excluídas das condições da cidadania. São exemplos de ONGs: Instituto Ethos, Fundação Abrinq, Fundação SOS Mata Atlântica, etc.

Vale lembrar que nem toda entidade sem fins lucrativos é considerada uma ONG, embora sejam também organizações formais. É o caso das entidades dos serviços sociais autônomos (como Senai, Sesi, Senac, Sesc, Sebrae); associações religiosas (igrejas, pastorais, templos); associações de classe (associação comercial, associação dos empresários); sindicatos (sindicato dos metalúrgicos, sindicato dos bancários); partidos políticos, fundações hospitalares (santas casas, Graac, Grendac) e inúmeras outras.

Todas essas organizações têm seus recursos financeiros movimentados por meio da tesouraria. Portanto, o auxiliar de tesouraria pode atuar tanto nas empresas quanto nas demais organizações formais. Justamente por isso, neste livro é adotado o termo abrangente "empresas e demais organizações formais".

Estrutura organizacional

Depois de definir a organização jurídica – mais ampla –, é necessário organizar papéis, atribuições, funções, tarefas e responsabilidades da entidade. Assim como no exemplo do time de futebol, nas empresas e demais organizações formais é essencial estabelecer uma forma racional de distribuir o trabalho. Caso contrário, corre-se o risco de ter 4 goleiros, 7 zagueiros e nenhum atacante – daí o objetivo, que é marcar gols, estará prejudicado.

Portanto, é importante realizar essa divisão do trabalho, um dos princípios básicos da estruturação, pois avalia os recursos disponíveis e organiza-os de forma a obter os melhores resultados. De acordo com os autores neoclássicos da teoria geral da administração, a organização consiste em um conjunto de posições funcionais e hierárquicas orientado a um objetivo.

Chiavenato (2014, p. 237), ao explanar a visão desses autores, relembra que a divisão do trabalho advém da busca pela eficiência produtiva nas organizações formais, representando a maneira pela qual um processo complexo pode ser decomposto em uma série de pequenas tarefas que o constituem. Tendo sua origem nos primórdios da Revolução Industrial, a divisão do trabalho colaborou para uma mudança radical no conceito de produção.

Naquela época, a necessidade de fornecer produtos em grandes quantidades demandou o uso crescente das máquinas em substituição ao trabalho artesanal ou manual. Além disso, na busca por maior eficiência, os trabalhadores passaram a executar tarefas de forma mais especializada – "cada um no seu quadrado". A partir dessa especialização, cada órgão, departamento ou cargo passou a ter funções e tarefas específicas, como tesouraria, contabilidade, controle de qualidade, montagem, etc.

Para possibilitar a consecução dos objetivos e a função administrativa de dirigir e liderar, foram criados os escalões hierárquicos, que normalmente se dividem entre os seguintes níveis:

- **Estratégico:** composto pelos dirigentes e diretores da organização.
- **Tático:** composto pelos gerentes.
- **Operacional**, no qual ocorrem as atividades técnicas: composto pelos supervisores, operários, etc.

Essa forma de organização piramidal pode ser melhor visualizada na figura a seguir:

▸ Figura 2 – Níveis hierárquicos de uma organização

A estruturação de uma organização nos diversos níveis de comando apresentados nessa pirâmide pressupõe uma subordinação e uma autoridade para tomar decisões, transmitir ordens e alocar recursos para atingir o objetivo. Isso é a subordinação hierárquica. Quanto mais no topo, maior o poder e a autoridade. Porém, também maior será a responsabilidade. Aliás, quanto maior for o tamanho da organização, maiores tendem a ser os níveis hierárquicos de sua estrutura.

Quando se entra em uma organização para determinada função, como auxiliar de tesouraria, é natural que haja um superior imediato, popularmente chamado de "chefe", que representa a pessoa que, naquele âmbito, desenvolve com o auxiliar uma relação de superior e subordinado. Por que são chamados de subordinados? Não há nenhuma ofensa ou diminuição de valor. Naquele ambiente, ocorre um momento em que a nossa vontade individual fica submetida à vontade coletiva. Na organização, existem regras e padrões a serem seguidos, além dos já conhecidos em nosso dia a dia. Assim, em uma cadeia de comando, para a realização das funções, alguns se subordinam às ordens de outros – seus superiores hierárquicos.

A forma mais usual de demonstrar uma estrutura formal nas organizações é por meio do organograma – uma espécie de diagrama usado para representar a estrutura e as relações hierárquicas dentro de uma empresa. O organograma serve para organizar os relacionamentos e o fluxo de informações da organização, e fazer as pessoas compreenderem a distribuição de funções, os níveis de comando e a hierarquia. Veja na figura a seguir um exemplo de organograma.

▸ Figura 3 – Estrutura formal de uma organização

Pelo organograma é possível visualizar a distribuição dos trabalhos por meio das diversas áreas funcionais da organização, bem como a subordinação hierárquica. Cada retângulo do organograma representa uma área funcional, dotada de atribuições, responsabilidades e nível de comando. Por exemplo, o departamento de tesouraria é subordinado à diretoria de finanças, tendo no mesmo nível hierárquico o departamento de contabilidade. Fique atento, porque nem todas as organizações utilizam o termo "departamento" para designar suas áreas, mas isso é muito comum.

Observe que no organograma anterior a demonstração é feita por áreas funcionais e não pelo cargo do responsável por ela: por exemplo, *diretoria* de finanças em vez de *diretor* de finanças. Isso serve para entender que mesmo quando não existir o cargo específico, haverá a área funcional. É o caso das pequenas organizações, nas quais muitas vezes uma mesma pessoa exerce várias funções. Em uma loja de perfumes, por exemplo, o proprietário vende os produtos – exercendo as funções da diretoria de marketing e vendas –, recebe o pagamento do cliente no caixa da loja e ele mesmo deposita o dinheiro no banco – exercendo as funções da diretoria de finanças. É possível dizer que esse organograma é multifuncional.

Geralmente, uma das primeiras providências de alguém que começa a trabalhar em uma empresa é conhecer a estrutura organizacional – o organograma. Isso evita uma série de problemas e confusões geradas, por exemplo, por não saber a cadeia de comando da organização, quais são as responsabilidades de cada um, quem são os chefes, etc. Mas lembre-se: o funcionário não é dono daquela estrutura. A empresa lhe dá uma permissão para acessá-la (registro de ponto, instalações, local de trabalho, sistemas, equipamentos, refeitório, etc.), e esse é o motivo pelo qual o profissional precisa entender as regras da organização.

Aliás, é fundamental compreender que, embora haja essa divisão entre as áreas, não significa que elas atuem de forma independente umas das outras. Kubica & Carvalho (2014, p. 36) ressaltam que todas as áreas são interdependentes e que, para atingir seu objetivo comum, precisam atuar de forma ordenada, sincronizada.

O financeiro dependerá da entrega do produto ao cliente pela área de logística. Esta, por sua vez, depende do pedido do cliente, gerado pela área de marketing e vendas. A área de recursos humanos planeja e organiza os treinamentos necessários para que a força de vendas esteja preparada para conhecer bem a demanda de mercado e os seus clientes. É necessário que todas as áreas trabalhem juntas, como uma grande engrenagem.

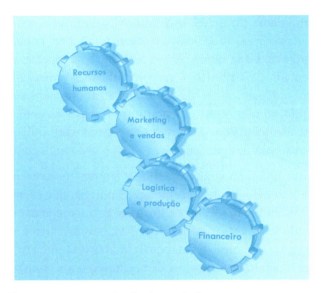

› Figura 4 – Engrenagem que representa o funcionamento de uma empresa

Fonte: Adaptado de F. Kubica & L. S. P. Carvalho. *Básico em administração* (Senac Editoras, 2014), p. 36.

O mesmo ocorre com a tesouraria, pois ela dependerá, por exemplo, de informações das seguintes áreas:

- vendas, para gerenciar as contas a receber;
- compras, para gerenciar as contas a pagar;
- recursos humanos, para saber as previsões de folha de pagamento e planejar o fluxo de caixa.

Por isso, é fundamental entender o fluxo dos processos de toda a organização, para compreender a interdependência entre as áreas e também a origem e a destinação das atividades.

Há outros modelos e formatos de organograma, como o circular e o matricial. O primeiro é utilizado quando se quer ressaltar o trabalho em grupo, no qual não há a preocupação em representar a hierarquia. O segundo representa a estrutura das organizações que não apresentam uma definição clara das unidades funcionais, e sim grupos de trabalhos organizados por projetos que podem ser temporários (estrutura informal). Contudo, o modelo tradicional, que foi apresentado, é o mais comum.

2. ORGANIZAÇÃO DA TESOURARIA

Organização da gestão financeira nas organizações

A área financeira das empresas e das demais organizações depara-se rotineiramente com dois desafios: a geração de riqueza para o proprietário – sócio, acionista – e a liquidez de suas operações. A geração de riqueza diz respeito ao desempenho econômico, normalmente traduzido pela lucratividade e rentabilidade do negócio. Fruto das atividades operacionais, as receitas de vendas precisam ser boas o suficiente para cobrir as despesas e gerar lucro. Em geral, essa é uma tarefa de todas as áreas, mas que fica sob a supervisão da controladoria.

O *controller* utiliza as ferramentas de planejamento e controle para auxiliar as demais áreas da empresa a conduzir os negócios no caminho da lucratividade e rentabilidade. Por meio da adoção de modelos de gestão, da análise de custos, da gestão dos resultados operacionais e do estudo minucioso da economicidade de processos de trabalho, a controladoria busca atingir os objetivos organizacionais – em especial, o de maximização da riqueza do proprietário. Se não for uma empresa, e sim uma organização sem fins lucrativos, a controladoria também cumpre o papel norteador em prol da missão e do objetivo da entidade – por exemplo, fornecer assistência social de qualidade a um maior número de pessoas, ou representar os interesses dos associados, etc.

A tesouraria é responsável pela liquidez da empresa, determinada pela capacidade de transformar ativos em dinheiro para honrar suas obrigações financeiras, garantindo sua solvência. Para isso, o tesoureiro deve monitorar o fluxo de caixa corrente e o projetado, e utilizar essas informações para investir corretamente os excessos de recursos, bem como estar preparado para captar empréstimos e financiamentos quando necessário. Dessa forma, dirigirá os esforços para maximizar os ganhos ou minimizar as perdas com os recursos financeiros ociosos.

Como o Brasil tem uma das maiores taxas de juros do mundo, uma gestão eficaz dos recursos, tanto nas aplicações financeiras quanto nas captações de empréstimos e financiamentos, possibilitará que a organização atinja seus objetivos e aumente sua lucratividade e rentabilidade. Além disso, como as operações realizadas pela tesouraria envolvem grandes riscos, há sempre a possibilidade de se tomar decisões equivocadas que podem levar a organização a grandes perdas.

> Por exemplo, em 2008 a Sadia S.A. (que se associou à Perdigão, dando origem à BRF S.A.) teve uma perda de aproximadamente R$ 2,5 bilhões com arriscadas aplicações em derivativos cambiais utilizadas como *hedge*. O fato resultou na demissão do diretor financeiro e quase levou a companhia à falência. Fato semelhante aconteceu à Aracruz Celulose S.A., com uma perda estimada em R$ 4,5 bilhões. Também para escapar da falência, a empresa se uniu à Votorantim Celulose e Papel, resultando na Fibria Celulose S.A.

Embora nas grandes organizações ainda predomine essa separação departamental para a gestão das áreas de controladoria e tesouraria, nas pequenas e médias empresas a operacionalização dessas atividades costuma ser unificada, ficando sob a responsabilidade de uma mesma pessoa. Isso decorre da necessidade de racionalização e enxugamento das estruturas organizacionais, visando à simplificação da cadeia hierárquica e à otimização dos processos administrativos. Este livro as trata como áreas independentes, porém inter-relacionadas.

Por fim, há a área de contabilidade, responsável pela escrituração contábil e pela geração dos relatórios financeiros vitais da empresa, tais como o Balanço Patrimonial, a Demonstração de Resultados do Exercício, a Demonstração do Fluxo de Caixa, entre outros. A contabilidade é necessária para toda e qualquer empresa independentemente do seu porte, do segmento e da sua forma de tributação, uma vez que reporta a situação patrimonial – ativo, passivo e patrimônio líquido – e o resultado dos negócios – receitas, custos e despesas.

Sendo a principal geradora de informações para a controladoria, a contabilidade é um importante instrumento de tomada de decisão pelos gestores. Além disso, é responsável pela gestão tributária da organização, geralmente evidenciada pela apuração do imposto de renda. Como o sistema tributário brasileiro é extremamente complexo, essa função por si só já representa um grande desafio para a área. É muito comum encontrar nas estruturas organizacionais das empresas a área de contabilidade vinculada e subordinada à controladoria.

No organograma abaixo é possível visualizar a diretoria de finanças.

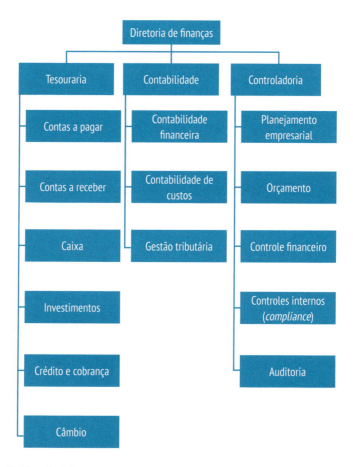

> Figura 5 – Diretoria de finanças

Organização específica da tesouraria

Quem se lembra do Tio Patinhas, o parente "quaquilionário" (e pão-duro) do Pato Donald? Ele ainda guardava a primeira moeda que recebera na vida (a "moeda número 1") sobre uma almofada, dentro de uma cúpula de vidro. O velho pato também não resistia e às vezes entrava no cofre, abarrotado de dinheiro até o teto, para mergulhar no "mar de riqueza" de seu tesouro particular.

▸ Figura 6 – Tesoureiro com "a riqueza"

As riquezas de uma empresa não ficam todas amontoadas em um lugar como as moedas do Tio Patinhas, e não dá para imaginar o dono de uma empresa brincando de mergulhar no cofre, até porque hoje em dia não é muito seguro guardar o dinheiro dessa forma. O dinheiro da empresa é depositado em bancos e as pessoas o movimentam usando cheques, cartão de débito, cartão de crédito e fazendo transações eletrônicas pela internet.

A função básica de uma tesouraria é gerir o fluxo dos recursos financeiros de uma organização e salvaguardar seus ativos financeiros, ou seja, o seu tesouro. Para compreender um pouco melhor, vamos ver o significado desses termos. O termo "tesouraria" está relacionado ao lugar onde se guarda o tesouro. Já a palavra "tesouro" advém do latim *thesaurus* e do grego *thesaurós*, cujos significados relacionam-se a uma coisa de valor. Portanto, a tesouraria é o lugar onde se guardam as coisas valiosas. Em vez de "guardar", vamos adotar o termo "salvaguardar", por ser mais adequado para indicar proteção, garantia e resguardo de um perigo.

Ao longo da história, podemos encontrar vários relatos sobre tesoureiros de faraós, reis, sultões, eclesiásticos, ditadores, entre outros. Por exemplo, nos primórdios da civilização, quando o rei Salomão construiu seu templo, destinou uma das salas – câmaras – para salvaguardar os dízimos, composto de moedas, produtos agrícolas e outras oferendas de valor. Essa sala era chamada de "Casa do Tesouro". Mas esse é um conceito bíblico.

Agora vamos analisar o termo do ponto de vista do governo. Falamos então do "tesouro nacional", que é a tesouraria do governo de um país, responsável pelo gerenciamento de suas disponibilidades – moeda, ouro, títulos – e, ao mesmo tempo, pelo gerenciamento da dívida pública, comum nos momentos em que o Estado precisa captar recursos. No Brasil, esse papel é desempenhado pela Secretaria do Tesouro Nacional (STN), órgão que tem como função a administração financeira federal.

Não se esqueça também da tesouraria dos bancos. Como praticamente todas as pessoas e organizações guardam seu dinheiro nos bancos, imagine só o trabalho dessa tesouraria... Nas agências bancárias, o trabalho desse departamento é parecido com o das demais organizações, nas quais há a gestão do fluxo de entrada e de saída de recursos, bem como a salvaguarda das disponibilidades – o dinheiro que sobrou, depois que os clientes fizeram seus saques. Mas há também a tesouraria institucional – ou corporativa –, que fica na administração central. Ela tem uma função mais ampla e estratégica, que atua no desenvolvimento de operações estruturadas no mercado local e internacional para atender às necessidades dos clientes na maximização do retorno das operações. Para isso, realiza as operações com títulos públicos e privados, mercado de derivativos, ações e debêntures, entre outros. Além disso, atua também no mercado interbancário para aplicar o excedente de caixa ou para captar as necessidades de caixa do banco. Esse assunto será abordado com mais detalhes no capítulo "Relacionamento com as instituições financeiras".

E nas demais empresas e organizações formais? Basicamente todo o fluxo financeiro de uma organização passa pela tesouraria, a qual realiza vários pagamentos diários durante todo o mês e recebe suas vendas por meio de diversas formas de pagamento, tais como cheques, cartões, boletos, etc. (ver capítulo "Relacionamento com as instituições financeiras"). A tesouraria de uma organização passa a controlar tudo o que entra como recebimentos de suas vendas, chamados de receitas, e tudo o que sai na forma de pagamentos, denominados custos, despesas ou investimentos. As condições para que a empresa possa honrar tudo isso configuram o que é chamado de recursos financeiros. Se sobrarem recursos, ela opta por salvaguardar em seus cofres ou então por enviá-los para depósito bancário – procedimento mais comum e seguro.

Há não muito tempo, a tesouraria nas empresas e organizações focava apenas essas funções básicas e operacionais de receber, pagar e salvaguardar os recursos financeiros. Contudo, a introdução de novas tecnologias da informação – internet, meios eletrônicos de transferências de fundos, dinheiro de plástico – tem impulsionado a natureza das atividades da tesouraria principalmente para uma função mais estratégica de gestão do fluxo de caixa. Ou seja, para o planejamento, a organização e o controle dos recursos financeiros.

Por que a tesouraria precisa controlar esses recursos na organização? Imagine se, em algum momento, alguém pegasse dezenas de notas de R$ 100,00 e de R$ 50,00 e as entregasse a uma criança de dois anos. O que ela faria com esse dinheiro? Provavelmente, iria brincar com as notas, rasgá-las, pintá-las, jogá-las fora, etc.

Muitas pessoas e empresas ainda tratam o dinheiro como uma criança de dois anos. Gastam de forma descontrolada, se descapitalizam rapidamente e não sabem como, por que e o que aconteceu. Não há um controle efetivo do fluxo de caixa ou um acompanhamento regular das saídas dos seus recursos, nem um planejamento sobre esse assunto. O resultado disso é ver o dinheiro se esvair, como tentar agarrar água com a mão: ela escorre pelos dedos, e a pesssoa só fica com a mão molhada. De nada adianta uma empresa vender bem se não souber como gerir seus recursos com o resultado de suas vendas.

▸ Figura 7 – Brincando com dinheiro

A área financeira de uma organização é responsável pela gestão dos recursos financeiros, sendo a tesouraria a grande protagonista dessa ação. Em suma, atualmente pode-se considerar que as principais funções financeiras de uma tesouraria são contas a pagar, contas a receber – crédito e cobrança, caixa, planejamento e controle do fluxo de caixa, investimentos e aplicações financeiras, controle de empréstimos e financiamentos, operações de câmbio, gerenciamento de riscos – *compliance* e controle interno. A distribuição dessas funções entre as áreas e os departamentos irá variar de organização para organização, dependendo do seu porte e de suas características estruturais. Apesar das diferenças, as funções existirão, mesmo que sendo exercidas apenas pelo proprietário da empresa.

Veja no quadro abaixo o resumo das principais funções desempenhadas na tesouraria das organizações e suas respectivas atribuições:

QUADRO 2 – RESUMO DAS FUNÇÕES E ATRIBUIÇÕES NA TESOURARIA DAS ORGANIZAÇÕES

FUNÇÕES	ATRIBUIÇÕES
CONTAS A PAGAR	- Receber e conferir os documentos de cobrança emitidos pelos fornecedores de produtos e serviços (notas fiscais, faturas, boletos, recibos, contratos, contas de serviços públicos, etc.). - Verificar a obrigatoriedade legal de retenções de tributos nos documentos fiscais recebidos, especialmente em caso de aquisição de serviços. - Registrar e programar os pagamentos nos controles analíticos de fornecedores e demais credores. Caso a empresa utilize sistema informatizado, pode haver uma integração do sistema de compras com o sistema de contas a pagar. - Receber, conferir, registrar e programar o pagamento de salários, benefícios e demais verbas trabalhistas dos funcionários. - Receber, conferir, registrar e programar os recolhimentos de tributos. - Receber, conferir, registrar e programar os adiantamentos a funcionários e a terceiros, e efetuar a respectiva prestação de contas. - Controlar, registrar e programar os pagamentos de compromissos periódicos, tais como contratos de *leasing*, manutenção de equipamentos e aluguéis, visando ao cumprimento do contrato e efetivação dos pagamentos nas datas acordadas. - Controlar, registrar e programar os pagamentos de empréstimos e financiamentos. - Inserir a programação de pagamentos nas previsões de fluxo de caixa. - Controlar e registrar todos os pagamentos efetuados. - Organizar e enviar para a contabilidade os documentos e informações das provisões e dos pagamentos. - Negociar com fornecedores as eventuais necessidades de prorrogação de prazos.

(cont.)

FUNÇÕES	ATRIBUIÇÕES
CONTAS A RECEBER – CRÉDITO E COBRANÇA	▪ Realizar a análise financeira e cadastral dos clientes nas vendas a prazo (função de crédito, que antecede a venda e o fluxo do contas a receber). ▪ Registrar os títulos a receber (fatura, duplicata, boleto, cartão, etc.) nos controles analíticos de clientes. Caso a empresa utilize sistema informatizado, pode haver uma integração do sistema de vendas com o sistema de contas a receber. ▪ Enviar os títulos a receber para cobrança bancária. Caso a empresa utilize sistema informatizado de contas a receber, o envio será feito por meio de arquivos CNAB de cobrança. ▪ Captar os arquivos de retorno com as informações da cobrança bancária (baixas, confirmação de entrada, envio para cartório, títulos devolvidos, etc.). ▪ Verificar se há inconsistências nos pagamentos efetuados pelos clientes na cobrança bancária (divergência de valores, não pagamento de multas, etc.). ▪ Registrar a baixa dos títulos liquidados nos controles analíticos de clientes. ▪ Negociar com clientes as eventuais solicitações de prorrogação de prazos. ▪ Verificar, acompanhar e registrar o reembolso de cartões de crédito pelas operadoras nas vendas com essa modalidade. ▪ Solicitar cancelamento de vendas para as operadoras de cartão de crédito. ▪ Verificar, acompanhar e registrar os cheques pré-datados nas vendas com essa modalidade. ▪ Realizar a conciliação bancária das operações de cobrança. ▪ Verificar, acompanhar e registrar a ocorrência de cheques de clientes devolvidos pela compensação bancária. ▪ Conferir os débitos em conta corrente referentes às tarifas bancárias de cobrança. ▪ Organizar e enviar para a contabilidade os documentos e informações de recebimento dos clientes. ▪ Inserir a programação de recebimentos nas previsões de fluxo de caixa. ▪ Realizar contato com clientes em atraso para fins de aviso ou cobrança amigável. ▪ Efetuar negociação com clientes sobre seus débitos em atraso. ▪ Negativar e excluir os clientes nos serviços de proteção de crédito (SCPC, Serasa, etc.). ▪ Enviar os nomes dos devedores (inadimplentes) para protesto, serviços de proteção de crédito (SCPC, Serasa, etc.) e empresas de cobrança. ▪ Emitir relatórios de controle de cobrança. ▪ Controlar e registrar antecipações de recebíveis (desconto de cheques, cartões de crédito, etc.).

(cont.)

FUNÇÕES	ATRIBUIÇÕES
CAIXA	■ Conferir os pagamentos programados pelo contas a pagar. ■ Preparar cheques e/ou transferências bancárias (TED, DOC, boleto, etc.) para liquidação dos pagamentos programados pelo contas a pagar. ■ Enviar ao banco os arquivos com lotes de pagamentos, caso a empresa utilize sistema informatizado de contas a pagar. ■ Captar os arquivos de retorno com as informações da cobrança bancária (baixas, confirmação de entrada, envio para cartório, títulos devolvidos, etc.). ■ Realizar a conciliação bancária das operações de pagamentos efetuadas, para identificar se elas foram devidamente processadas pelos bancos. ■ Identificar TEDs, DOCs e boletos não processados pelo banco e providenciar novo pagamento. ■ Conferir e registrar os débitos relativos a tarifas, encargos financeiros e tributários de operações de crédito identificados em conta bancária. ■ Realizar e registrar os pagamentos em dinheiro. ■ Realizar e registrar os recebimentos em dinheiro ou cheques à vista. ■ Consultar os sistemas de restrição de crédito nos recebimentos em cheques a vista (SCPC e Telecheque). ■ Conferir a conformidade técnica dos cheques recebidos (à vista e pré-datados) para identificar inconsistências, tais como erros de preenchimento, falta de assinatura, etc. ■ Salvaguardar os cheques pré-datados recebidos. ■ Conferir o *follow-up* dos cheques pré-datados. ■ Salvaguardar o dinheiro e os cheques à vista recebidos. ■ Enviar diariamente os numerários recebidos (cheques e dinheiro) para depósito bancário. ■ Gerenciar o relacionamento com a agência bancária em que a organização tenha conta. ■ Controlar o cadastramento para débitos automáticos e administrar possíveis bloqueios judiciais em conta corrente. ■ Realizar a conciliação bancária diária de todos os lançamentos identificados no extrato bancário (débitos e créditos). ■ Analisar e registrar créditos extraordinários identificados no extrato bancário. ■ Realizar e registrar o fechamento diário de caixa e banco, registrando toda movimentação e apresentando ao responsável pelo setor. ■ Organizar e enviar para a contabilidade os documentos dos movimentos financeiros de caixa e banco. ■ Conferir diariamente a existência e a veracidade (contagem física) dos saldos em dinheiro e cheques salvaguardados. ■ Controlar os recursos disponíveis em caixa e bancos.

(cont.)

FUNÇÕES	ATRIBUIÇÕES
PLANEJAMENTO E CONTROLE DO FLUXO DE CAIXA	▪ Elaborar o planejamento de fluxo de caixa futuro (diário, semanal, quinzenal, mensal, anual). ▪ Elaborar as projeções de entradas de caixa por recebimento das vendas. ▪ Elaborar as projeções de entradas de caixa das demais operações da empresa. ▪ Elaborar as projeções de saídas de caixa por compras de produtos e serviços. ▪ Elaborar as projeções de saídas de caixa por aplicação em projetos de investimento. ▪ Elaborar as projeções de saídas de caixa das demais operações da empresa (folha de pagamento, aluguel, contas de serviços públicos, despesas financeiras, tributos, etc.). ▪ Elaborar e analisar as projeções de saldo de caixa. ▪ Analisar as necessidades de captação de recursos para suprir insuficiência de caixa e decidir a melhor estratégia e a fonte de recursos (empréstimos, financiamentos, antecipação de recebíveis, renegociação de dívidas, etc.). ▪ Analisar as sobras de caixa e decidir a melhor estratégia para aplicação e investimento dos recursos. ▪ Determinar o patamar ideal de recursos disponíveis no caixa. ▪ Elaborar as demonstrações dos fluxos de caixa. ▪ Controlar a execução do planejamento de fluxo de caixa, acompanhando o fluxo de entradas e saídas realizadas. ▪ Investigar as possíveis causas das divergências entre o fluxo de caixa previsto e o realizado. ▪ Informar as demais áreas funcionais da empresa sobre o desempenho de caixa previsto e o realizado. ▪ Revisar as previsões iniciais com as novas informações e com o fluxo já realizado.
INVESTIMENTOS E APLICAÇÕES FINANCEIRAS	▪ Analisar os aspectos legais, tributários e estruturais das diversas modalidades de aplicações financeiras. ▪ Estabelecer as políticas de aplicação e resgate nos investimentos financeiros (volume, saldos, modalidades, nível de risco, etc.). ▪ Identificar as melhores estratégias de investimentos disponíveis no mercado financeiro. ▪ Negociar, operacionalizar e controlar as aplicações financeiras. ▪ Organizar e enviar para a contabilidade os documentos e informações das aplicações. ▪ Garantir uma adequada diversificação das aplicações financeiras. ▪ Identificar a viabilidade de aplicação dos recursos em projetos de investimentos da empresa. ▪ Acompanhar e analisar a rentabilidade efetiva das aplicações financeiras. ▪ Elaborar relatórios dos investimentos para os diversos usuários internos.

(cont.)

FUNÇÕES	ATRIBUIÇÕES
CONTROLE DE EMPRÉSTIMOS E FINANCIAMENTOS	■ Analisar os aspectos legais e estruturais das diversas modalidades de financiamento. ■ Identificar as melhores estratégias e fontes de recursos (empréstimos, financiamentos, antecipação de recebíveis, renegociação de dívidas, emissão de debentures, etc.). ■ Negociar, operacionalizar e controlar as linhas de crédito para empréstimos e financiamentos com as instituições financeiras. ■ Acompanhar e analisar os custos efetivos dos empréstimos e financiamentos. ■ Organizar e enviar para a contabilidade os documentos e informações dos empréstimos e financiamentos. ■ Avaliar as garantias a serem oferecidas em operações de financiamento. ■ Estruturar emissões de títulos para captação de recursos (debentures, etc.). ■ Estruturar operações de *project finance* para captar financiamentos aos grandes projetos de investimento da empresa. ■ Elaborar relatórios de endividamento para os diversos usuários internos.
GERENCIAMENTO DE RISCOS – CONTROLE INTERNO E COMPLIANCE	■ Implementar estratégias de gerenciamento de riscos em tesouraria. ■ Determinar a tolerância e o apetite ao risco pela organização. ■ Mapear, mensurar e avaliar os tipos de riscos existentes nos processos de trabalho da área. ■ Identificar e estabelecer mecanismos de mitigação para os riscos de fraude, conluio e erro. ■ Avaliar os riscos inerentes às aplicações financeiras. ■ Estruturar o sistema de controle interno da tesouraria. ■ Implementar controles preventivos e controles detectivos para os riscos. ■ Avaliar as políticas, normas e procedimentos inerentes à área e monitorar se estão sendo cumpridas (*compliance*).
OPERAÇÕES DE CÂMBIO	■ Analisar os aspectos legais, tributários e estruturais das diversas modalidades de operações de câmbio nas movimentações financeiras de comércio exterior (importação, exportação e remessas). ■ Realizar as operações de câmbio (troca de moeda nacional por moeda estrangeira ou vice-versa) mediante a celebração e liquidação de contrato de câmbio em banco autorizado a operar no mercado de câmbio. ■ Gerenciar o relacionamento com os agentes de câmbio (bancos, corretoras, distribuidoras, etc.). ■ Verificar e controlar a incidência de tributos nas operações de câmbio. ■ Registrar as operações nos sistemas de controle da Receita Federal (Siscomex e Siscoserv). ■ Organizar e enviar para a contabilidade os documentos e informações das operações de câmbio. ■ Manter em arquivo o registro das operações de câmbio por um período de 5 anos para subsidiar fiscalizações.

Você deve ter percebido que em diversos pontos da descrição das atribuições foi citada a possibilidade de execução das atividades por meio de sistemas informatizados. O ideal seria considerar que a informatização já está presente na realidade de praticamente todas as organizações. Mas, como se sabe, muitas das pequenas empresas ainda realizam o trabalho de forma manual – sem aplicativos informatizados –, então optamos por considerar essa realidade. Isso não prejudicará a compreensão das operações por quem já está em um patamar mais elevado de informatização, possivelmente já utilizando algum conjunto de aplicativos do tipo Enterprise Resource Planning (ERP), que integra todos os dados e processos de uma organização em um único sistema.

De qualquer forma, é importante compreender que as mudanças tecnológicas têm afetado consideravelmente o trabalho na área financeira como um todo e especialmente a tesouraria, por conta da disponibilização das operações bancárias pela internet e da tarifação que os bancos têm feito a fim de desestimular a ida dos clientes às agências bancárias para realizar suas operações cotidianas de pagamento.

Como resultado, a informatização tem eliminado milhares de postos de trabalho na tesouraria das organizações. Para os próximos anos, com a ampliação do acesso à internet até mesmo por aparelhos celulares e a proliferação de aplicativos (*apps*) que executam inúmeras funções, será inevitável a informatização de toda e qualquer organização. Por isso, é bom ficar atento e se preparar para o irremediável.

Com relação ao quadro apresentado, um pouco mais adiante discutiremos com mais detalhes as principais funções e atribuições da tesouraria. Na prática, você perceberá que algumas dessas atribuições não acontecem em todas as organizações, ou não estão sob responsabilidade da tesouraria. Por exemplo, a função de operações de câmbio só ocorre em organizações que atuam com importação e exportação, ou realizam remessas de moeda para o exterior. O gerenciamento de riscos (controle interno e *compliance*) geralmente é uma atribuição da controladoria, com atuação direta da auditoria. Mas fizemos questão de incluí-la aqui por causa da sua relevância na salvaguarda dos recursos financeiros.

De qualquer forma, por meio da extensa lista de atribuições apresentada já deu para perceber que temos muito trabalho. Aliás, o mercado de trabalho para o auxiliar de tesouraria tende a ser bem amplo, pois além das empresas, todas as demais organizações formais têm uma tesouraria. Obviamente, por se tratar de um cargo de confiança, há um rigor maior na seleção do profissional, mas para isso nada como uma boa preparação para elevar as competências – e a leitura deste livro é um excelente começo.

Como o próprio nome diz, o auxiliar de tesouraria desenvolverá as funções básicas da tesouraria, ajudando os demais colaboradores do setor, especialmente seus superiores hierárquicos. Provavelmente no início ele executará as tarefas mais elementares e operacionais, até ter condições de assumir atribuições mais sofisticadas e estratégicas, voltadas à gestão. É importante ficar atento também à possibilidade de atuação em cargos com nomenclaturas similares, como auxiliar de contas a receber, auxiliar de contas a pagar, auxiliar de caixa, etc. Pela evolução natural, o auxiliar poderá ser promovido a assistente, supervisor, chefe, gerente e até a diretor de tesouraria. Torcemos para que isso aconteça com você em breve!

3. ECONOMIA: PIB, INFLAÇÃO E TAXAS DE JUROS

Contexto econômico

É importante compreender alguns aspectos do ambiente externo em que as organizações estão inseridas e seu impacto no cotidiano delas. Primeiramente, será abordada a relação da economia com os desafios organizacionais e financeiros. Em seguida, trataremos da relação das organizações com as instituições financeiras.

Você já percebeu como a situação econômica do país afeta o nosso dia a dia? Se a economia vai bem, surgem grandes oportunidades, novos projetos e possibilidades de investimento; as empresas contratam mais funcionários, as vendas aumentam, etc. Porém, se a economia está ruim, as coisas começam a complicar. As vendas de produtos e serviços diminuem, os empresários reduzem os investimentos em novos projetos, o desemprego aumenta, a oferta de crédito cai, etc.

No âmbito pessoal, os momentos difíceis da economia nos levam a rever prioridades nos gastos. Talvez aquela viagem de férias fique para depois, bem como a compra de uma nova televisão. Afinal, precisamos guardar dinheiro para as incertezas. Já nas empresas, todo o planejamento – principalmente o financeiro – deve ser revisto. Se as vendas diminuírem, será preciso reduzir os custos; se a inflação aumentar, será preciso rever os preços dos produtos; se a oferta de crédito para empréstimos e financiamentos for escassa, será necessário rever os investimentos em projetos. Enfim, será preciso elaborar um novo planejamento de fluxo de caixa, ajustando-o às condições econômicas.

Percebemos então que todos são afetados – positiva ou negativamente – pela economia. Por isso é importante conhecer alguns de seus fundamentos. Neste livro não há a intenção de aprofundar esse assunto, mas é relevante discutir alguns pontos que impactam diretamente o cotidiano da tesouraria: PIB, inflação e taxas de juros.

Antes de entrarmos nesses tópicos, precisamos compreender um pouco melhor o que é a economia. Segundo Matesco & Schenini (2005, p. 19), "economia é a ciência que trata da utilização com máxima eficiência dos recursos produtivos escassos para o atendimento das necessidades dos indivíduos. É a ciência da troca". Na verdade, existem muitas definições do que é economia, as quais têm evoluído ao longo do tempo, mas sempre apresentam como preocupação básica a questão da escassez dos recursos.

Isso porque temos necessidades ilimitadas a serem satisfeitas pelo consumo de uma infinidade de bens e serviços. Contudo, os recursos produtivos necessários para a geração desses bens e serviços são restritos e finitos. Por exemplo, para satisfazer a necessidade básica de nutrientes é preciso consumir alimentos, mas as terras agricultáveis são limitadas. Da mesma forma, para satisfazer a necessidade de locomoção são utilizados automóveis, os quais consomem algum tipo de combustível, mas petróleo, gás, eletricidade, entre outros, também são limitados e finitos. Dizemos então que há escassez de tais recursos.

Como consequência, a administração dos recursos tem de ser feita de forma racional e eficiente. Por isso é necessário "economizar" água, energia elétrica, etc. Também é preciso fazer escolhas sobre quais bens serão produzidos e quais necessidades serão atendidas. A ciência econômica busca auxiliar nessas escolhas, na medida em que busca – dentre outras coisas – compreender como as pessoas e as organizações na sociedade se comportam na produção, na troca e no consumo de bens e serviços.

O estudo da ciência econômica se divide em duas dimensões: a microeconomia e a macroeconomia. Enquanto a microeconomia analisa o comportamento econômico das unidades individuais de decisão – consumidores e proprietários de recursos –, a macroeconomia estuda o comportamento econômico como um todo, de forma agregada. Ou seja, a microeconomia estuda o comportamento das partes, e a macroeconomia, o do todo.

A MICROECONOMIA FORNECE RESPOSTAS, AINDA QUE PARCIAIS, PARA QUESTÕES COMO:

- Como se comporta o consumidor, com seus desejos ilimitados, quando há redução de sua renda?
- O que influencia a demanda do consumidor na escolha dos diversos bens e serviços ofertados?
- O que determina o preço dos diversos tipos de bens e serviços?
- O que determina o quanto de cada bem será produzido e ofertado?

> A MACROECONOMIA FORNECE RESPOSTAS, AINDA QUE PARCIAIS, PARA QUESTÕES COMO:
> - O que é inflação e quais são suas causas?
> - O que é o desemprego? Por que ocorre esse fenômeno?
> - Por que existe uma distribuição desigual de renda?
> - Qual é o comportamento do nível geral dos preços na economia?
> - Qual é o desempenho da atividade econômica do país?

Produto Interno Bruto (PIB)

Um dos indicadores de eficiência para a economia de um país é demonstrado através do resultado do Produto Interno Bruto (PIB). Objeto de estudo da macroeconomia, o PIB representa o valor monetário de todos os bens e serviços finais produzidos para o mercado dentro das fronteiras do país. Ele é apresentado e analisado tanto em valores absolutos quanto em termos de taxa de crescimento.

Um PIB com boa taxa de crescimento mostra que o governo desempenhou um bom papel naquele ano, pois as indústrias investiram mais no país, gerando assim mais empregos e renda, e os trabalhadores tiveram mais poder de compra para adquirir produtos e serviços gerados nessa economia. Já um declínio no PIB pode ser indício de que a economia está entrando em recessão, ou seja, uma retração no ciclo econômico. De forma simplista, quando há declínio de dois trimestres consecutivos no valor do PIB, diz-se que a economia encontra-se em "recessão técnica".

Essa retração pode trazer consequências sérias para os empregos ou para os negócios, pois ela geralmente desencadeia a diminuição no nível de investimento das empresas, o aumento do desemprego, a queda na renda familiar, o aumento no número de falências e recuperação judicial de empresas, a escassez de crédito, entre outras coisas. Por isso, é fundamental que você acompanhe tanto o PIB atual quanto as expectativas do PIB futuro (ano atual e anos posteriores).

Nesse sentido, observe que o PIB pode ser divulgado e analisado em taxas de crescimento nominais (PIB nominal) ou em taxas de crescimento reais (PIB real). Então fique atento a isso. O mais indicado é o PIB real, pois desconta o efeito da inflação, levando em consideração apenas as variações (aumento ou diminuição) nas quantidades produzidas. Ou seja, ele deixa de lado as alterações de preços no mercado.

Por falar nisso: você sabe o que é inflação? Bem, veremos isto a seguir.

Por enquanto, veja na figura abaixo a evolução histórica da taxa real de crescimento do PIB do Brasil nos últimos 10 anos:

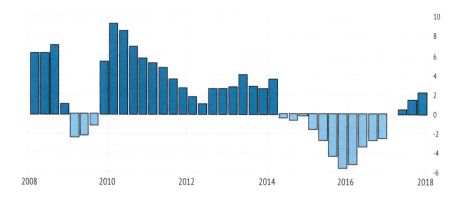

▸ Figura 8 – Taxa (%) de crescimento anual do PIB nos últimos 10 anos
Fonte: Trading Economics, 2018.

Perceba na figura o reflexo da forte crise econômica que acometeu o Brasil nos últimos anos. De 2010 até o início de 2018, o país viveu praticamente um declínio no PIB trimestral, que se acentuou entre os períodos de 2016 a 2017, o que desencadeou um aumento de desempregados no país. Conforme dados da Pesquisa Nacional por Amostra de Domicílios (PNAD) do final de 2017, a taxa de desemprego média do país ficou em 12,7%, superior aos 11,5% registrados em 2016. Essa taxa praticamente equivale a 13 milhões de desempregados. O crescimento do desemprego é decorrente de uma forte crise no setor da indústria, do agronegócio, do comércio e serviços. O cenário econômico, conforme nos mostra a figura, demonstra uma ligeira recuperação em 2018, que poderá ser melhor percebida ao longo dos próximos anos.

Inflação

> "PREÇOS SOBEM 36.850.000% NOS ANOS 1980"
> "INFLAÇÃO DO ANO ATINGE 1.764,86%"

Você se assustou com os números dessas notícias? Não se preocupe, não houve erro de digitação na impressão. As manchetes acima são do jornal *O Estado de S. Paulo*, respectivamente dos dias 10/12/1989 e 29/12/1989 e, por incrível que pareça nos dias de hoje, eram notícias normais no cotidiano do brasileiro, demonstrando a luta contra a inflação.

› Figura 9 – O impacto da inflação na renda

Mas o que é inflação? Conceitualmente, ela representa o aumento contínuo e generalizado dos preços de um conjunto de bens e serviços em um determinado período, resultando na perda do poder aquisitivo da moeda. Isso afeta de forma negativa a renda das pessoas, então a inflação acaba tendo extrema importância dentro da macroeconomia.

E como isso ocorre na prática? Vamos supor que você seja assalariado e que sua renda mensal permita que você vá ao supermercado e compre 50 itens de sua lista. No mês seguinte, por exemplo, você vai com o mesmo salário, porém percebe que sua renda não foi suficiente para comprar os mesmos 50 itens da lista anterior e sim apenas 45. Por isso se fala que a inflação afeta o poder de compra do trabalhador, uma vez que ele terá de abrir mão da compra de alguns produtos.

A inflação também afeta o cotidiano financeiro das empresas, pois além do aumento nos preços dos insumos e nos salários dos funcionários, concomitantemente os custos financeiros se elevam – por conta da taxa de juros – e são repassados ao consumidor, por meio de um aumento nos preços dos produtos. Isso pode afetar o volume de vendas, pois o consumidor tende a comprar menos para ajustar à sua renda.

Para exemplificar, vamos supor que a farinha de trigo sofra um aumento de preços no mercado. Os segmentos que dependem dessa matéria-prima – como a confecção de pães, pizzas, bolos, etc. – sofrerão aumento em seus custos de produção e terão de repassá-lo ao consumidor, ficando assim os pães, as pizzas e os bolos muito mais caros do que anteriormente.

Além disso, os empresários ficam receosos e acabam reduzindo seus investimentos na expansão das atividades. Por conseguinte, taxas de inflação elevadas tendem a retrair o potencial de crescimento econômico, medido pelo PIB. Viu só como os elementos se correlacionam na economia?

Vale lembrar que, como a inflação é um objeto de estudo da macroeconomia, sua mensuração é feita considerando o todo e não apenas um pequeno grupo de pessoas ou um setor específico da economia. Ou seja, de nada adianta medir a inflação de um indivíduo. Por isso, há instituições, tais como o Instituto Brasileiro de Geografia e Estatística (IBGE) e a Fundação Getúlio Vargas (FGV), que realizam pesquisas para medir o crescimento dos preços dos bens e serviços mais importantes para a população. Assim elas podem estabelecer os índices de preços que refletem a inflação, como o IPCA, INPC, IGP-M, INCC, entre outros.

Os principais indicadores de inflação do país e a forma como eles afetam o consumidor e as empresas em geral serão analisados mais adiante. Antes, observe no próximo quadro o comportamento da inflação nos últimos 10 anos, medido pelo IPCA.

QUADRO 3 – IPCA – VARIAÇÃO ACUMULADA POR GRUPOS NOS ÚLTIMOS ANOS

ÍNDICE GERAL E GRUPO	2007	2008	2009	2010	2011	2012	2013	2014	2015	2016	2017
Índice geral	4,46	5,90	4,31	5,91	6,50	5,84	5,91	6,41	10,67	6,29	2,95
Alimentação e bebidas	10,79	11,11	3,18	10,39	7,18	9,86	8,48	8,03	12,03	8,62	-1,87
Habitação	1,76	5,08	5,67	5,00	6,75	6,79	3,40	8,80	18,31	2,85	6,26
Artigos de residência	-2,48	1,99	3,04	3,53	0,00	0,84	7,12	5,49	5,36	3,41	-1,48
Vestuário	3,78	7,31	6,11	7,52	8,27	5,79	5,38	3,63	4,46	3,55	2,88
Transportes	2,08	2,32	2,36	2,41	6,05	0,48	3,29	3,75	10,16	4,22	4,10
Saúde e cuidados pessoais	4,48	5,73	5,35	5,07	6,32	5,95	6,95	6,97	9,23	11,04	6,52
Despesas pessoais	6,53	7,35	8,03	7,37	8,61	10,17	8,39	8,31	9,20	8,00	4,39
Educação	4,18	4,56	6,13	6,22	8,06	7,78	7,94	8,45	9,25	8,86	7,11
Comunicação	0,67	1,78	1,08	0,88	1,52	0,77	1,50	-1,52	2,11	1,27	1,76

Fonte: Instituto Brasileiro de Geografia e Estatística (IBGE), 2018.

Indicadores de inflação

Índice de Preços ao Consumidor Amplo (IPCA): a população alvo deste índice são famílias com rendimentos mensais de 1 a 40 salários mínimos, qualquer que seja a fonte de renda, nas regiões metropolitanas de Belém, Fortaleza, Recife, Salvador, Belo Horizonte, Rio de Janeiro, São Paulo, Curitiba, Porto Alegre, Brasília e municípios de Goiânia. É o índice oficial de inflação no Brasil, sendo utilizado pelo Banco Central para acompanhamento das metas de inflação do país, no Sistema de Metas Inflacionárias.

A meta de inflação estipulada pelo Conselho Monetário Nacional é de 4,5% ao ano. Assim, conforme verificamos no quadro 3, o Brasil esteve, nos últimos dez anos, com a inflação acima da meta traçada pelo governo, atingindo um pico em 2015, quando superou a casa dos 10% ao ano.

Índice Nacional de Preços ao Consumidor (INPC): também é calculado pelo IBGE utilizando as mesmas regiões metropolitanas do IPCA, porém tendo como população alvo as famílias com rendimentos mensais de 1 a 5 salários mínimos. Isso representa aproximadamente 50% das famílias brasileiras, com chefe da casa assalariado e residente em área urbana.

O IPCA e o INPC se concentram na análise dos preços dos produtos e serviços consumidos pelas famílias. Já no índice do IGP, que será explicado a seguir, identifica-se o peso no comportamento de preços dos produtos de atacado e serviços.

Índice Geral de Preços – Disponibilidade Interna (IPP-DI): calculado mensalmente pela Fundação Getúlio Vargas (FGV), desempenha três funções: indicador macroeconômico, deflator de valores monetários e indexador das dívidas dos estados com a União. Seu período de coleta vai do primeiro ao último dia do mês de referência, embora a divulgação ocorra próxima ao dia 20 do mês posterior. O índice é composto por resultados de outros três índices de preço:

- **Índice de Preços por Atacado (IPA)**, no qual entram os preços praticados do mercado atacadista. Tem peso de 60% no IGP-DI.

- **Índice de Preços ao Consumidor (IPC)**, que contempla uma cesta de bens e serviços adquiridos por famílias que têm renda de 1 a 33 salários mínimos. Tem peso de 30% no IGP-DI.

- **Índice Nacional de Custo da Construção (INCC)**, no qual são avaliados os preços do setor de construção civil, tanto de construções residenciais como de obras públicas de infraestrutura. O INCC é utilizado nos cálculos de correção de financiamentos imobiliários, enquanto o imóvel ainda está na planta ou sem o habite-se. Tem peso de 10% no IGP-DI.

- **Índice Geral de Preços do Mercado (IGP-M)**, o qual também é calculado pela FGV e tem a mesma composição de índices do IGP-DI (IPA, IPC e INCC), porém mudando o intervalo de coleta dos dados para o período entre o dia 21 do mês anterior e o dia 20 do mês de referência. Ele é usado como referência para a correção de preços e valores contratuais, como os contratos de locação e, junto de outros parâmetros, os contratos de fornecimento de energia elétrica.

Esses índices de inflação, bem como outros, podem ser utilizados em diversas situações para proceder a "atualização monetária" de valores entre determinadas datas. Ou seja, para incorporar a um valor do passado o efeito da inflação até a data presente. A atualização monetária (ou correção monetária) é utilizada em diversas situações, tais como:

- cláusulas contratuais em operações de financiamento;
- reajuste de aluguel de imóveis;
- atualização de débitos de diversas naturezas, como tributos em atraso, parcelas de compras em atraso, etc;
- comparação de resultados históricos (preços, receitas, despesas, lucros, etc.).

No caso de débitos em atraso, além da atualização monetária são cobrados juros para remunerar e compensar o credor (dono do recurso) pelo período em que o dinheiro ficou com o devedor. Vamos observar a série histórica desses índices de inflação ao longo dos últimos 10 anos:

QUADRO 4 – EVOLUÇÃO HISTÓRICA DOS PRINCIPAIS ÍNDICES DE INFLAÇÃO				
ANO	IPCA	INPC	IGP-DI	IGP-M
2007	4,45%	5,15%	7,90%	7,74%
2008	5,90%	6,48%	9,11%	9,80%
2009	4,31%	4,11%	-1,44%	-1,71%
2010	5,90%	6,47%	11,31%	11,32%
2011	6,50%	6,08%	5,01%	5,09%
2012	5,83%	6,20%	8,11%	7,81%
2013	5,91%	5,56%	5,53%	5,53%
2014	6,41%	6,23%	3,78%	3,67%
2015	10,67%	11,27%	10,67%	10,54%
2016	6,28%	6,58%	7,15%	7,19%
2017	2,94%	2,06%	-0,42%	-0,53%
Acumulado de 2007 a 2017	87,92%	89,76%	89,63%	89,09%

Fonte: Elaborado pelos autores.

Taxas de juros

Agora que já sabemos como funciona a taxa de crescimento da economia (PIB) e a inflação, precisamos compreender o impacto da taxa de juros em nosso cotidiano. Como será visto mais detalhadamente no tópico "Matemática financeira", juro é a remuneração que o tomador de um empréstimo deve pagar ao proprietário do capital emprestado. Podemos dizer, de forma simplificada, que juro é uma espécie de "aluguel do dinheiro" durante o tempo que durar a operação.

Os juros são expressos como um percentual sobre o valor emprestado (por isso diz-se "taxa de juros"), podendo ser calculado na forma de juros simples ou compostos (ver capítulo "Fundamentos de cálculos financeiros"). Além de repor a perda do poder de compra do dinheiro no tempo (inflação), o juro também contempla a rentabilidade esperada pelo dono do dinheiro, bem como o risco de inadimplência – ou seja, a possibilidade de o tomador dos recursos (devedor) não pagar sua dívida.

A taxa de juros pode impactar a tesouraria tanto positiva quanto negativamente. Isso porque, quando somos devedores – captamos empréstimos de terceiros –, esperamos conseguir taxas de juros reduzidas, mas quando somos credores – aplicamos recursos – esperamos taxas elevadas.

Há diversas taxas de juros aplicáveis às mais variadas operações de crédito, por isso a tesouraria precisa acompanhá-las a fim de saber qual será o impacto em seus investimentos e financiamentos. Entre as taxas podemos destacar a Selic, a TJLP, a CDI e a TR.

Antes de explicá-las, é importante compreender a diferença entre "taxa nominal" e "taxa real". É bem simples: nominal é a taxa divulgada pelas instituições financeiras e a taxa real é dada pela diferença entre a taxa nominal e a inflação do período. Ou seja, taxa real é a taxa nominal descontada a inflação. É similar ao conceito de PIB nominal e PIB real que foi visto anteriormente. Assim, por exemplo, se a taxa de juros divulgada pelo banco para uma operação de financiamento é de 15% – chamamos de taxa nominal – e a inflação do período for de 6%, dizemos que a taxa real de juros foi de aproximadamente 9%.

O mesmo conceito deve ser aplicado quando se fala em taxas obtidas nas aplicações financeiras. Nunca se esqueça de que para o investidor o que interessa são os ganhos reais. De nada adianta obter um rendimento de 7% em uma aplicação financeira se a inflação do mesmo período foi de 9%. Nesse caso, haverá uma rentabilidade real negativa, uma vez que após o período de aplicação o seu dinheiro passou a comprar menos do que comprava antes de investir.

Sistema Especial de Liquidação e de Custódia (Selic): é a taxa básica de juros da economia brasileira, sendo utilizada como referência para a rentabilidade dos títulos públicos e para as operações de crédito nos bancos. Ela é calculada pela taxa média ajustada dos financiamentos diários apurados no Sistema Especial de Liquidação e de Custódia (Selic) para títulos federais. Esse sistema processa eletronicamente o registro e a liquidação financeira das operações realizadas com esses títulos, possibilitando a aferição da taxa.

A Selic também é uma ferramenta de política monetária utilizada pelo governo para o controle da inflação. O Conselho Monetário Nacional – por meio do Comitê de Política Monetária (Copom) – pode aumentar ou diminuir a taxa de juros Selic para influenciar a demanda dos produtos e, consequentemente, a variação nos preços que afeta a inflação. Se a taxa de juros aumenta, o crédito fica mais caro e as pessoas compram menos, restringindo a elevação dos preços. As empresas e os consumidores acabam sendo prejudicados, mas pode ser um mal necessário. É por isso que todos ficam atentos à divulgação da ata da reunião do Copom que estabelece a nova taxa anual de juros.

Vale lembrar que embora essa taxa seja utilizada pelos bancos como parâmetro para a definição da remuneração de algumas aplicações financeiras e para as operações entre os bancos, quando eles emprestam para seus clientes, a taxa de juros bancários é muito maior. Isso ocorre porque os bancos embutem seus custos operacionais, os riscos de inadimplência e, obviamente, sua margem de lucro.

Taxa de Juros de Longo Prazo (TJLP): é a taxa de juros aplicada aos financiamentos concedidos pelo BNDES. Definida pelo Conselho Monetário Nacional e divulgada trimestralmente, essa é a menor taxa de juros da economia brasileira. Ela é calculada a partir de dois parâmetros: uma meta de inflação calculada *pro rata* para os doze meses seguintes ao primeiro mês de vigência da taxa, inclusive, com base nas metas anuais fixadas pelo Conselho Monetário Nacional; e um prêmio de risco. Como se trata de uma taxa pré-fixada, de abril a junho de 2015 foi definida em 6% a.a.

Sua criação – em 1994 – teve a finalidade de estimular os investimentos nos setores de infraestrutura e consumo. Ela remunera três fundos compulsórios, o PIS/Pasep, o FAT e o Fundo de Marinha Mercante. Em 1995, a TJLP passou a incidir sobre os financiamentos concedidos pelo BNDES, como Finame, Finem e BNDES automático. Mas não se esqueça de que nas operações de financiamento, além da TJLP, incidem também uma margem de risco (*spread* de risco) e uma margem de lucro (*spread* básico) do banco ofertante. Portanto, se sua empresa obtiver um desses financiamentos, o custo financeiro não será somente a TJLP de 6% a.a. Mas, mesmo assim, certamente continuará sendo a linha de crédito mais atrativa, por ter juros subsidiados.

Certificado de Depósito Interbancário (CDI): é a taxa de juros praticada nas operações entre os bancos, por isso o termo interbancário. É também conhecida como taxa DI – Depósito Interbancário. Os CDIs são títulos emitidos exclusivamente pelos bancos como forma de captação ou aplicação de recursos excedentes.

Embora possam ser emitidos em operações de maior prazo, geralmente são operações de apenas 1 (um) dia útil que visam sanar os fluxos de caixa de curtíssimo prazo dos bancos. Essa condição de transação – 1 dia – é chamada de taxa CDI *over*, pois reflete a expectativa de custo das reservas interbancárias para a manhã seguinte ao fechamento das transações. Assim, caso um banco tenha um excedente de caixa naquele dia, empresta a outro banco que tenha falta de caixa, sendo ressarcido no dia seguinte. Dessa forma, os fluxos de caixa dos bancos se equalizam.

Central de Custódia e de Liquidação Financeira de Títulos (Cetip): é responsável pela apuração e divulgação diária da taxa obtida por cálculos estatísticos das operações realizadas no mercado interbancário. Isso é possível porque tais operações são obrigatoriamente registradas em seu sistema eletrônico de custódia.

É importante acompanhar o comportamento da taxa CDI porque ela indica o custo do dinheiro no mercado financeiro. Assim como a taxa Selic, a CDI é o termômetro das taxas de juros. Por exemplo, ela é muito utilizada para definir o rendimento das aplicações financeiras feitas em Certificados de Depósito Bancário (CDB). Por isso, é utilizada como *benchmarking* para aplicações financeiras em renda fixa. Assim, caso você tenha um investimento que rendeu, por exemplo, 1% naquele mês, e deseja saber se foi um bom investimento, basta comparar com a CDI. Mas não se esqueça de que é uma taxa tida como "livre de risco".

Taxa Referencial (TR): é uma taxa básica de juros criada em 1991 para servir de referência dos juros no sistema financeiro. Sua criação integrava um conjunto de medidas político-econômicas adotadas pelo governo no chamado Plano Collor II, cujo objetivo era combater a inflação e a desindexação da economia, uma vez que naquela época o descontrole de preços era gritante.

Embora tenha sido amplamente utilizada como índice de correção monetária, por conta de inúmeras contestações judiciais ao longo do tempo, ela foi sofrendo uma série de alterações e seu uso acabou ficando restrito ao cálculo do rendimento de alguns investimentos, como títulos públicos e a caderneta de poupança, e de algumas operações, tais como empréstimos do Sistema Financeiro da Habitação (SFH) e seguros em geral.

Seu cálculo é feito pelo Banco Central do Brasil, considerando a taxa média mensal ponderada ajustada dos CDBs prefixados das trinta maiores instituições financeiras do país. Além disso, aplica-se um redutor instituído pelo Banco Central que a faz ficar abaixo da inflação. Como resultado, por exemplo, na maior parte do ano de 2013 ela ficou em zero por cento. Isso pode ser interessante para quem tem débitos atrelados à TR, como é o caso de financiamentos da casa própria regidos pelo SFH. Porém, no outro lado da conta estão os rendimentos da caderneta de poupança e das contas do FGTS. Ou seja, com a TR em patamares ínfimos, os saldos das contas do FGTS acabam sendo corroídos pela inflação, pois sua remuneração é feita pela TR mais 3% de juros.

Observe que a TR e a Selic influenciam a remuneração dos depósitos na poupança. Isso porque desde 2012 os rendimentos da poupança são compostos de duas parcelas:

1. a remuneração básica, dada pela TR, e
2. a remuneração adicional, correspondente a:
    a. 0,5% ao mês, enquanto a meta da taxa Selic ao ano for superior a 8,5%; ou
    b. 70% da meta da taxa Selic ao ano, mensalizada, vigente na data de início do período de rendimento, enquanto a meta da taxa Selic ao ano for igual ou inferior a 8,5%.

Veja no quadro a seguir a série histórica dos últimos 10 anos das principais taxas de juros:

QUADRO 5 – SÉRIE HISTÓRICA DAS PRINCIPAIS TAXAS MÉDIAS ANUAIS DE JUROS

ANO/ÍNDICES	SELIC	TJLP	CDI	TR	POUPANÇA
2007	11,88%	6,25%	11,82%	1,45%	7,70%
2008	12,48%	6,25%	12,38%	1,63%	7,90%
2009	9,93%	6,00%	9,88%	0,71%	6,92%
2010	9,78%	6,00%	9,75%	0,69%	6,90%
2011	11,62%	6,00%	11,60%	1,21%	7,45%
2012	8,49%	5,50%	8,40%	0,29%	6,48%
2013	8,22%	5,00%	8,06%	0,19%	6,37%
2014	10,90%	5,00%	10,81%	0,86%	7,08%
2015	13,63%	6,25%	13,48%	1,79%	7,94%
2016	14,16%	7,50%	14,07%	2,01%	8,35%
2017	9,84%	7,13%	9,82%	0,60%	7,00%
Acumulado de 2005 a 2014	214,49%	91,36%	212,06%	12,02%	116,61%

Fonte: Elaborada com uso do aplicativo "Calculadora do Cidadão" disponibilizado pelo Banco Central. Para o índice "poupança" foi considerada a chamada "poupança antiga", que remunera depósitos feitos até 3/5/2012.

Ao compararmos as taxas acumuladas no período de 2007 a 2017 – calculadas considerando uma variação de 1/1/2007 a 1/1/2018 –, observa-se que a taxa Selic teve praticamente o dobro do rendimento da poupança, ou seja, 214,49% da Selic contra os 116,61% da poupança. Uma diferença considerável, não acha? Por isso vale a pena acompanhar e comparar frequentemente as taxas de juros, tanto no momento de captação de empréstimos quanto na aplicação de investimentos no mercado financeiro.

Que tal você tentar fazer isso? Basta utilizar a "Calculadora do Cidadão", desenvolvida pelo Banco Central do Brasil para auxiliar na realização de cálculos financeiros simples, como a atualização de aplicações financeiras com os índices mais comuns, a correção de valores pelos índices de inflação ou poupança, os custos de financiamentos considerando taxas de juros predeterminadas, o custo de pagar parte da fatura de seu cartão (crédito rotativo) com outros tipos de crédito, entre outros tipos de cálculos. A ferramenta pode ser acessada diretamente no site do BCB ou então em versões para celulares e *tablets*.

4. RELACIONAMENTO COM AS INSTITUIÇÕES FINANCEIRAS

Sistema financeiro nacional

Seja uma pessoa, seja uma família, uma empresa ou até mesmo uma entidade filantrópica, percebe-se uma regra muito simples para todas: sempre há contas para pagar e é necessário ter um saldo em dinheiro ou na conta bancária para fazer isso. Se precisarmos de crédito para efetuar compras a prazo, também pode ser importante ter um cartão de crédito ou uma linha de crédito para empréstimos.

Aliás, dificilmente se mantém dinheiro em casa. Tanto por questões de segurança quanto de praticidade, abrimos uma conta corrente bancária para realizar as transações financeiras – recebimentos, pagamentos, aplicações financeiras, empréstimos, financiamentos, etc. Por isso, nas empresas e demais organizações formais, o relacionamento bancário faz parte da rotina diária, sendo amplamente exercido pela tesouraria.

Os bancos são fundamentais para o dinamismo do sistema financeiro e das atividades econômicas. Mas, quando as contas são pagas, será que conhecemos todo o caminho percorrido pelo dinheiro? Ou seja, uma pessoa paga uma conta de telefone no banco, no caixa eletrônico ou no *internet banking* e esse crédito vai aparecer na conta da empresa de telefonia.

No caso do salário também, pois quando se trabalha em uma empresa, a área de recursos humanos, em determinado dia, envia um arquivo ao banco e por meio dele entra o crédito de salário na conta do funcionário. Que sistema assegura tudo isso? Como se tem garantia de que o saldo bancário que aparece no extrato não desaparecerá amanhã do sistema do banco? Vamos perceber neste tópico que há um sistema que rege tudo isso: é o chamado Sistema Financeiro Nacional (SFN).

Sistema Financeiro Nacional (SFN): é formado por um conjunto de instituições financeiras que existem para assegurar a transferência de recursos entre aplicadores (pessoas físicas e jurídicas que possuem recursos disponíveis e sobra no caixa) e tomadores (pessoas físicas e jurídicas que necessitam de recursos, empréstimos ou financiamentos para sanar alguma questão financeira, comprar bens ou mesmo produtos para a empresa).

Ou seja, percebe-se que de um lado há pessoas com saldo para aplicar, e de outro, pessoas que precisam de dinheiro para financiar um bem ou mesmo para cobrir uma falta temporal de caixa. O SFN visa assegurar – por meio de entidades normativas, supervisoras e por operadores – que essa transação ocorra de forma segura.

As **entidades normativas** são responsáveis pela definição das políticas e diretrizes gerais do sistema financeiro, porém, não têm função executiva. Possuem atribuições específicas e se utilizam de estruturas técnicas de apoio para a tomada de decisões. Atualmente, as entidades normativas são o Conselho Monetário Nacional (CMN), o Conselho Nacional de Seguros Privados (CNSP) e o Conselho Nacional de Previdência Complementar (CNPC).

O Conselho Monetário Nacional (CMN), criado em 1964 (Lei nº 4.595/64), formula as leis para reger esse sistema. Compõem o colegiado do CMN o Ministro da Fazenda (presidente do CMN), o Ministro do Planejamento e o Presidente do Banco Central do Brasil.

Já no caso das **entidades supervisoras**, estas exercem inúmeras funções executivas, como a fiscalização das instituições sob sua responsabilidade, assim como funções normativas, com o intuito de regulamentar as decisões tomadas pelas entidades normativas ou atribuições concedidas a elas diretamente pela lei. As entidades supervisoras do SFN são o Banco Central do Brasil (BCB), a Comissão de Valores Mobiliários (CVM), a Superintendência de Seguros Privados (Susep) e a Superintendência Nacional de Previdência Complementar (Previc).

O BCB, criado em 1964 e comumente chamado de "banqueiro do governo", fiscaliza as políticas monetária, cambial e de crédito. Seu principal objetivo é cumprir e fazer cumprir a legislação em vigor e as normas expedidas pelo CMN. Entre as instituições que o BCB fiscaliza estão os bancos.

A CVM, criada em 1976 pela Lei nº 6.385, tem o poder de fiscalizar, normatizar e disciplinar os diversos integrantes do mercado de capitais e valores mobiliários, entre eles as sociedades anônimas de capital aberto que atuam na bolsa de valores.

A Susep, criada em 1966 pelo Decreto-lei nº 73, tem a atribuição de regular, supervisionar e fiscalizar as atividades de empresas seguradoras e de previdência complementar abertas.

A Previc atua como entidade de fiscalização e de supervisão das atividades das entidades fechadas de previdência complementar e de execução das políticas para o regime de previdência complementar operado por essas entidades. É uma autarquia vinculada ao Ministério da Previdência Social.

Por fim, temos as **entidades operadoras**, que são todas as demais instituições financeiras, monetárias ou não, oficiais ou não, como também as demais instituições auxiliares, responsáveis, entre outras atribuições, pelas intermediações de recursos entre poupadores e tomadores ou pela prestação de serviços. É aí que se encaixam os bancos comerciais, as cooperativas de créditos, os bancos de câmbio, agências de fomento, administradoras de consórcio e muitas outras com que a tesouraria pode se relacionar no dia a dia.

Estes aspectos estruturais e regulatórios parecem complicados, mas o auxiliar de tesouraria precisa compreender basicamente que existe um sistema financeiro cujo objetivo é assegurar o bom funcionamento do fluxo de dinheiro na economia e na sociedade. Como todo sistema, cada um tem o seu papel, que em conjunto nos dão mais segurança na realização das atividades da tesouraria.

Bancos

As instituições financeiras bancárias são as entidades operadoras autorizadas a realizar a intermediação de recursos, por meio de captação e empréstimo, visando o suprimento oportuno e adequado para financiar, a curto e a médio prazo, as empresas, as pessoas físicas e a sociedade em geral. Além disso, realizam transações de pagamento que facilitam a transferência de recursos nas atividades econômicas (cobrança de títulos, recolhimento de tributos, ordens de pagamento, etc.).

Para cumprir sua missão, os bancos podem abrir contas correntes para que os clientes depositem seu dinheiro disponível (à vista e a prazo), emprestar dinheiro, realizar operações de câmbio e comércio internacional, obter recursos com as instituições oficiais para repasse aos clientes, realizar cobranças bancárias em nome de seus clientes, entre inúmeras outras atividades.

O dinheiro captado pelos bancos por meio de depósitos à vista nas contas correntes de seus clientes (pessoas físicas, empresas comerciais e industriais, governo, entidades filantrópicas, etc.) é utilizado para conceder empréstimos a outros clientes, mediante o pagamento de juros. Como consequência dessas operações, o dinheiro estará em constante circulação.

Nessa intermediação, os bancos conseguem uma razoável margem de lucro (*spread*), que é complementada com a cobrança de taxas e tarifas bancárias, tais como: taxa de manutenção de conta, taxa de DOC, taxa de compensação de cheques, taxa de cobrança de títulos, etc. Por conta dessa lucratividade, cada vez mais os bancos oferecem vantagens para atrair clientes.

Você já tem uma conta corrente bancária? Bem, o primeiro passo é escolher um banco. Em seguida, procurar uma agência bancária para saber os documentos necessários para a abertura de conta corrente. Em geral, para as pessoas físicas pede-se: CPF, RG, comprovante de renda atualizado e comprovante de residência. Para as pessoas jurídicas, pede-se: estatuto ou contrato social, comprovante de inscrição no CNPJ, documentos dos sócios e/ou representantes.

Com base nesses documentos, o banco fará uma proposta de abertura de conta corrente de depósito para ser analisada. Há situações em que o banco pode não aceitar a abertura da conta; por exemplo, se a pessoa está com o nome "negativado", ou seja, com o CPF ou o CNPJ incluso em cadastro de inadimplentes (SCPC, CCF, Serasa, etc.). Vencida essa etapa, provavelmente você conseguirá sua conta corrente.

Efetuado o primeiro depósito, a conta corrente pode ser livremente movimentada pelo cliente por meio de cheques, cartão magnético, cheque avulso ou transferências eletrônicas. É pela conta corrente que o cliente realiza transações como ordem de pagamento, transferência de valores, DOC e TED, depósito de cheques, pagamento de títulos, débito automático, aplicação financeira, etc.

Embora sua conta esteja registrada em uma agência bancária específica, você pode realizar operações em outros terminais eletrônicos, os chamados caixas eletrônicos, ou então pela internet. Aliás, cada vez mais os bancos incentivam seus clientes a realizarem suas transações por esses canais de relacionamento. Do computador é possível acessar o *home banking* e realizar a maioria das transações sem sair de casa ou da empresa.

A moeda e os meios de pagamento

Em geral, as transações econômicas são feitas por intermédio da moeda, cujas funções básicas são de medidas de troca e de valor. A moeda vem evoluindo ao longo do tempo: nos primórdios, houve a era do escambo, na qual a economia girava em torno da troca de mercadorias. Um camponês trocava um saco de arroz por um saco de feijão, por exemplo. Depois, houve a era da moeda metálica, em que metais – ouro e prata – eram utilizados nas trocas. Mais recentemente, passamos à era do papel-moeda, na qual as autoridades monetárias de cada país controlam a emissão de cédulas de dinheiro – aquelas que recheiam nossas carteiras (ou não).

Atualmente, com a evolução do sistema bancário, passamos a conviver com a moeda escritural, também chamada de moeda bancária. Ela é representada pelos depósitos em conta corrente bancária movimentados por cheques e ordens de pagamento. Ou então com a "moeda de plástico", em que os pagamentos são feitos por cartões de crédito e de débito. Nessas transações, embora já não vejamos mais a "cor do dinheiro", as trocas de bens e serviços se concretizam, cumprindo sua função econômica.

> Alguns especialistas apostam que a moeda do futuro será o bitcoin, uma criptomoeda desenvolvida com o uso da tecnologia do blockchain. Bitcoin? Criptomoeda? Blockchain? O que são e como se relacionam? Vamos esclarecer tais conceitos, já que eles poderão se tornar importantes instrumentos para a tesouraria.
>
> O *bitcoin* é um tipo de moeda virtual (ou seja, não existe fisicamente) desenhada para funcionar como um meio de troca em transações pela internet; assim, utiliza-se a criptografia para realizar operações financeiras on-line. Não se sabe se o bitcoin foi criado por uma pessoa ou um grupo, porém a sua criação é creditada ao pseudônimo Satoshi Nakamoto. Embora seja a mais conhecida, vale lembrar que existem outras criptomoedas bastante utilizadas, como ether, ripple, bitcoin cash, entre outras.
>
> Já o termo *criptomoeda* advém da conjunção de cripto + moeda justamente para enfatizar o uso da tecnologia de criptografia, um processo de codificação complexa e segura que converte um texto simples em um texto cifrado e ininteligível, que só pode ser decodificado por um algoritmo específico. É como se fosse atribuída uma espécie de número de série para cada moeda emitida, comprovando sua veracidade e evitando as notas falsas, de forma similar ao que acontece com as moedas convencionais (dólares, reais, pesos, etc.).

Diferentemente das moedas convencionais que são controladas de forma centralizada pelas autoridades monetárias dos países (Banco Central, por exemplo), as criptomoedas são operadas de forma independente, por enquanto sem regulamentação específica. Ou seja, elas são produzidas de forma descentralizada por milhares de computadores, mantidos por pessoas que "emprestam" a capacidade de suas máquinas para criar as criptomoedas e registrar todas as transações feitas. Esse mecanismo de criação de criptomoedas é um processo computacional complexo conhecido como *mining* (mineração).

Para controlar a criação de unidades adicionais, proteger suas transações e verificar a transferência entre as pessoas, é utilizada a tecnologia de *blockchain* – um banco de dados descentralizado de registro e controle das transações, que permite aos indivíduos interagir uns com os outros, sem a necessidade de um regulador externo. Ou seja, o blockchain não precisa de governos, ministérios ou grandes corporações para regular as relações entre os indivíduos, funcionando como uma espécie de contabilidade para registro das transações.

A tecnologia blockchain representa uma evolução tecnológica capaz de revolucionar o sistema financeiro. Embora ela esteja muito relacionada às finanças, possibilitando a simplificação operacional e a minimização de fraudes, acredita-se que no futuro, depois de lapidada, poderá evoluir para muitas outras funcionalidades, tais como: o registro das transações de compra e venda de imóveis e terras com a finalidade de evitar grilagem; o registro de operações de importação e exportação de bens para agilizar o processo aduaneiro; o registro de dados médicos confidenciais nas operadoras de planos de saúde com garantia de acesso apenas a pessoas autorizadas; o registro dos diplomas emitidos pelas universidades, para certificar a autenticidade do documento e impedir falsificações, etc.

Para entrar no mundo das criptomoedas, o caminho mais fácil é abrir uma conta em uma corretora de moedas digitais. A partir disso, você receberá um código que será a sua carteira de moedas, e é com isso que você conseguirá adquirir seus novos ativos.

Sistema de Pagamentos Brasileiro

Se realizarmos algum tipo de pagamento por meio de transações bancárias, em vez do uso puro e simples do dinheiro, podemos dizer que utilizaremos o Sistema de Pagamentos Brasileiro (SPB), o qual compreende as entidades, os sistemas e os procedimentos relacionados com o processamento e a liquidação de operações de transferência de fundos, de operações com moeda estrangeira ou com ativos financeiros e valores mobiliários.

O SPB é utilizado toda vez que emitimos cheques, enviamos um Documento de Crédito (DOC), compramos com o cartão de débito e/ou crédito, ou ainda quando enviamos uma ordem de pagamento a alguém. Enfim, se alguém utiliza uma conta corrente bancária para realizar pagamentos e/ou recebimentos, ele utilizará o SPB. Ou seja, este sistema é utilizado por praticamente todos os agentes atuantes em nossa economia. Com base em seu elevado patamar de automação, ele incentiva fortemente a utilização de meios eletrônicos para transferência de fundos e liquidação de obrigações, em substituição aos instrumentos baseados em papel – como o cheque.

O sistema é estruturado para dar maior segurança para quem envia e para quem recebe recursos, além de gerar métodos mais rápidos para realizar transferências de recursos em tempo real. Com isso, o favorecido tem a utilização quase que imediata do dinheiro recebido. É o caso da Transferência Eletrônica Disponível (TED), pela qual o emissor/pagador transfere recursos para o beneficiário/recebedor no mesmo dia. Esse meio de pagamento, criado em 2002, possibilitou uma maior agilidade nas transações, uma vez que outrora a operação demandava no mínimo um dia útil.

É o caso de quem realiza um pagamento ou transferência de recursos por meio do DOC. Como ele precisa transitar pelo serviço de compensação de cheques e outros papéis, leva um dia útil para ser compensado, de forma que o recebedor somente tem a informação do crédito no dia útil seguinte à sua emissão pelo pagador – o chamado "D+1". Veja que o DOC também é um meio eletrônico de pagamento, porém demanda um tempo maior que a TED.

Então por que alguém optaria pelo DOC e não pela TED? A questão principal é que há um limite – mínimo e máximo – para a utilização de ambos. Atualmente o valor mínimo para utilização da TED é de R$ 500,00, não havendo valor máximo. Já no caso do DOC não há valor mínimo, mas o valor máximo é de R$ 4.999,99. Sendo assim, se precisar efetuar uma transferência ou pagamento de R$ 400,00, por exemplo, terá que utilizar o DOC. Já no caso da transferência de valores acima de R$ 5.000,00, utilizará a TED.

Há outros meios de pagamento, tais como cheque, depósito bancário, ordem de pagamento, cartão de crédito e/ou débito, boletos bancários, guias de recolhimento, entre outros. Fruto do processo de automação bancária e da evolução tecnológica, cada vez mais os meios eletrônicos de pagamento são adotados em substituição aos meios manuais. Veja a seguir alguns desses meios explicados mais detalhadamente.

Cartão de crédito ou débito

> Figura 10 – Cartão de crédito

O cartão de crédito ou débito, outra forma de pagamento eletrônico (a chamada "moeda de plástico"), é um meio que vem sendo amplamente utilizado tanto por pessoas físicas quanto jurídicas. Trata-se de um cartão de plástico, contendo ou não um chip, que apresenta na frente o nome do portador, o número do cartão e a data de validade e, no verso, o número de segurança (CVV2) e a tarja magnética (geralmente preta). Ele pode ser utilizado na compra de bens ou serviços e seu uso tem sido amplamente incentivado tanto pelos bancos quanto pelos vendedores, pois além de ser um meio mais ágil de transferência de recursos, também reduz o risco de inadimplência do comprador.

A operação envolve cinco agentes econômicos básicos:

- **Portador ou cliente:** pessoa interessada em adquirir bens ou serviços pagando por intermédio do cartão de crédito ou débito. Pode ser o titular da conta do cartão de crédito ou apenas o portador do cartão adicional que é vinculado à conta de um titular.

- **Estabelecimento:** pessoa – física ou jurídica – interessada em vender ou prestar serviço recebendo o pagamento feito pelos seus clientes por intermédio do cartão de crédito ou débito.

- **Bandeira:** empresa responsável pela comunicação da transação entre o adquirente e o emissor do cartão de crédito ou débito. Entre as principais bandeiras estão: Visa, MasterCard, American Express, Diners e Hiper.

- **Adquirente:** empresa responsável pela comunicação da transação entre o estabelecimento e a bandeira. Para isso, aluga e mantém os equipamentos usados pelos estabelecimentos, como o POS. Entre as empresas adquirentes estão: Rede, Cielo, Getnet e Elavon.
- **Emissor e administrador do cartão:** instituição financeira, principalmente os bancos, que emite o cartão de crédito ou débito e define as condições de uso pelo portador, tais como: limite de compras, taxas de juros, se as transações são aprovadas, programas de milhagem, etc. Além disso, emite a fatura de cobrança ao cliente.

Mas qual a diferença entre o cartão de débito e o cartão de crédito? O cartão de débito é vinculado a uma conta bancária, sendo utilizado para saques e aquisição de bens e serviços mediante a apresentação de uma senha. No momento do uso é necessário ter saldo ou limite disponível, pois o valor é debitado imediatamente na conta bancária do portador. Já no cartão de crédito, como o próprio nome diz, há um limite de crédito predefinido pelo emissor do cartão. Conforme as compras são realizadas, esse limite diminui, sendo restabelecido pelo emissor do cartão de crédito após o pagamento da fatura pelo cliente.

Uma das grandes vantagens de usar o cartão é que não é preciso ter dinheiro físico ou cheque na hora da compra. Além disso, se o portador ou cliente estiver utilizando um cartão de crédito, ele pode obter um prazo maior para pagar a compra. Ainda, quando receber a fatura do cartão, pode escolher entre pagar o total cobrado ou somente um valor mínimo estabelecido pelo banco, postergando o pagamento do restante para o mês seguinte. Contudo, o grande problema dessa postergação é que incorrerá em juros elevadíssimos. Isso tem levado muitas pessoas a situações financeiras complicadas, uma vez que a conta a ser paga pode se transformar em uma bola de neve.

Já no caso de quem recebe, a maior vantagem é a possibilidade de aumentar suas vendas, uma vez que o cartão já é utilizado pela grande maioria dos consumidores. Por isso, principalmente no comércio varejista, não aceitar cartões pode representar perda de vendas. Porém, é necessário avaliar o impacto, analisando principalmente as taxas do aluguel das máquinas, a comissão sobre o valor da venda e a demora para receber o dinheiro. Essa comissão paga pelo estabelecimento comercial à empresa administradora de cartão é de aproximadamente 3% para o cartão de crédito e algo em torno de 1% para o de débito.

Cheque

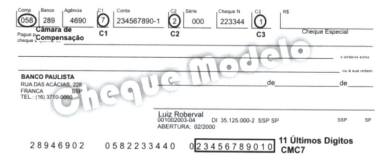

▸ Figura 11 – Cheque

Para quem tem o seu dinheiro depositado em um banco, o cheque ainda é um dos meios de pagamento mais conhecidos, apesar da grande expansão dos meios eletrônicos de pagamento. Por exemplo, conforme dados do Banco Central, em 2013 o uso de cartões de débito teve um crescimento de 18,89% em relação a 2012. Já o volume de cheques emitidos teve uma queda de 9,3%, demonstrando mudanças na cultura do brasileiro.

Conforme o relatório do Banco Central do Brasil que compara a evolução da quantidade anual de transações no país por meio de pagamento, representado no gráfico abaixo, podemos perceber a tendência de substituição do cheque por outros meios:

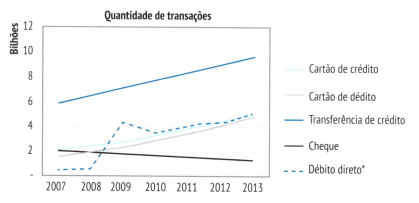

* A partir de 2009, inclui as operações em que as instituições financeiras são as beneficiárias dos pagamentos.

▸ Figura 12 – Quantidade de transações
Fonte: Banco Central do Brasil, 2015.

Embora haja evidências dessa tendência de substituição, o cheque ainda é amplamente utilizado. Por isso, vamos conversar um pouco sobre este instrumento de troca e os cuidados que devem ser tomados ao recebê-lo e ao emiti-lo.

O que é um cheque? Você sabia que, por causa de sua importância, o cheque possui uma lei própria (Lei nº 7.357/85)? Veja a imagem da página anterior. Você já parou para analisar as informações que constam em uma folha de cheque?

O cheque é uma ordem de pagamento à vista e um título de crédito. Trata-se de uma ordem escrita emitida por uma pessoa ou empresa (emissor ou sacador), para que um banco (o sacado) no qual o dinheiro está guardado pague certa quantia a outra pessoa ou empresa (o beneficiário). É considerado uma ordem de pagamento à vista, porque deve ser pago no momento de sua apresentação ao banco sacado, e é também um título de crédito para o beneficiário que o recebe, porque pode ser protestado ou executado em juízo.

Há algumas regras que precisam ser obedecidas no momento da emissão do cheque. O valor deve ser escrito em algarismos e também por extenso, por exemplo: R$ 300,00 – trezentos reais. No caso de divergência entre o valor expresso em algarismo e o por extenso, prevalece o valor escrito por extenso. Em todo preenchimento de cheque deve constar a cidade, a data e, obviamente, a assinatura do emitente emissor/sacador. Ainda, por opção do emissor, o cheque pode ser "cruzado", indicando que ele somente pode ser pago mediante depósito em conta. Para isso, basta grafar dois traços paralelos de cruzamento.

Ah, vale lembrar que, conforme orientação do próprio Banco Central do Brasil, se um cliente emitir cheque com valor igual ou superior a R$ 5.000,00 para saque, ele deverá comunicar, com antecedência, a instituição financeira para que esta faça a reserva do valor.

Outro aspecto muito importante diz respeito à indicação do beneficiário. Veja a seguir as três formas possíveis:

- **Cheque nominal à ordem:** só pode ser apresentado ao banco pelo beneficiário indicado no cheque, porém pode ser transferido por endosso do beneficiário no verso do cheque.

- **Cheque não à ordem:** não pode ser transferido pelo beneficiário. Basta o emitente escrever, após o nome do beneficiário, a expressão "não à ordem", ou "não transferível", ou "proibido o endosso".

- **Cheque ao portador:** não nomeia um beneficiário e é pagável a quem o apresentar ao banco sacado. Não pode ter valor superior a R$ 100,00.

Fique atento quanto a essa regra, pois caso não seja obedecida, acarretará na devolução pelo banco, pelo motivo "48", que se refere à descrição "cheque superior a R$ 100,00 emitido sem identificação do beneficiário".

Mas o que significa essa devolução pelo banco? Bem, primeiro você precisa compreender o fluxo de pagamento do cheque. Imagine uma situação na qual um cliente compra certa mercadoria de nossa empresa e efetua o pagamento em cheque. Para ilustrar melhor, vamos dizer que o cheque emitido seja do Banco do Brasil S.A. – este é o banco sacado – mas nossa empresa tem conta corrente apenas na Caixa Econômica Federal.

Assim que a tesouraria receber o cheque, será necessário ir ao banco para sacá-lo em dinheiro, ou então depositá-lo na conta corrente da empresa. Dessa forma, o banco (o sacado) fará a operação de troca do dinheiro entre o sacador e o beneficiário. Nesse caso, somos o beneficiário e o nosso cliente, o sacador.

Se a opção foi por sacar o valor em dinheiro, será necessário ir ao Banco do Brasil, na agência em que o emissor tenha a conta corrente. Embora alguns bancos ofereçam a comodidade de troca em qualquer agência, na maioria dos casos isso não ocorre. Ao chegar ao caixa da agência e apresentar o cheque, o atendente efetuará a conferência básica para saber:

- se todos os dados estão preenchidos corretamente e se o sacador tem saldo ou limite de crédito suficiente para pagar o cheque;
- se a assinatura do sacador confere com a dos registros cadastrais;
- se quem está portando o cheque é realmente o beneficiário (no caso de o valor ser superior a R$ 100,00).

Toda essa conferência é necessária para reforçar a segurança da transação, visando evitar situações de fraude ou até mesmo de furto ou roubo.

Caso a opção seja depositar o cheque, então não há necessidade de ir até a agência do banco sacado. Basta levá-lo ao banco em que o beneficiário tenha conta (no exemplo citado, a Caixa Econômica Federal) e realizar o depósito bancário. A diferença é que o dinheiro não estará imediatamente disponível, pois será necessário realizar a "compensação do cheque", ou seja, o acerto de contas entre os dois bancos envolvidos (Banco do Brasil e Caixa Econômica Federal). Nesse processo de compensação – que pode durar alguns dias – será realizado o mesmo procedimento de conferência que citamos no saque da agência.

Havendo qualquer inconformidade, o banco efetuará a devolução do cheque, recusando o pagamento. Nesse caso, será informado o motivo da devolução por meio de um código também conhecido como alínea de devolução. Por meio dessa alínea, você conseguirá identificar qual foi o problema. Veja abaixo um quadro com os principais motivos de devolução (a lista completa pode ser visualizada no site do BCB):

QUADRO 6 – SÍNTESE DAS ALÍNEAS DE DEVOLUÇÃO DE CHEQUE	
MOTIVO	DESCRIÇÃO
11	Cheque sem fundos – 1ª apresentação.
12	Cheque sem fundos – 2ª apresentação.
13	Conta encerrada.
20	Cheque sustado ou revogado em virtude de roubo, furto ou extravio de folhas de cheque em branco.
21	Cheque sustado ou revogado.
22	Divergência ou insuficiência de assinatura.
28	Cheque sustado ou revogado em virtude de roubo, furto ou extravio.
30	Furto ou roubo de cheque.
70	Sustação ou revogação provisória.
31	Erro formal (sem data de emissão, com o mês grafado numericamente, ausência de assinatura ou não registro do valor por extenso).
43	Cheque devolvido anteriormente pelos motivos 21, 22, 23, 24, 31 e 34, não passível de reapresentação em virtude de persistir o motivo da devolução.
44	Cheque prescrito.
48	Cheque de valor superior a R$ 100,00 (cem reais) emitido sem a identificação do beneficiário.

Fonte: Banco Central do Brasil (http://www.bcb.gov.br/pom/spb/Estatistica/Port/tabdevol.pdf).

A situação mais comum é a de insuficiência de fundos, classificada nas alíneas 11 e 12. Aliás, você já deve ter ouvido expressões hilárias que retratam essa situação, como "cheque voador", "cheque bumerangue" ou "cheque borrachudo". Embora não haja indícios da sua origem, o termo "cheque voador" denota que ele voa de um lugar para outro, mas nunca é pago. Já o "cheque borrachudo" é o famoso cheque sem fundo, que bate e volta para a mão de seus respectivos donos quando depositado na conta bancária.

Outra situação corriqueira está na sustação de cheques, contemplada na alínea 21. Esse tipo de devolução decorre de um pedido do sacador para sustar (suspender) o pagamento de um cheque já emitido. Isso pode ocorrer, por exemplo, por um desacordo comercial entre as partes. Nesse caso, o cheque pode ser enviado a protesto no cartório pelo beneficiário, por não concordar com a sustação. A situação enquadrada na alínea 28 é semelhante à alínea 21, porém a sustação é ocasionada por furto e roubo. Nesse caso, como envolve situação criminal, há a necessidade de o sacador fazer um boletim de ocorrência policial e entregá-lo ao banco, constando as folhas de cheque subtraídas.

A alínea 22 engloba as devoluções quando a assinatura do sacador está divergente daquela que ele possui no banco ou é considerada insuficiente (por exemplo, quando a pessoa abreviou a assinatura). Por isso, o sacador sempre deve assinar os cheques da mesma forma. Já a alínea 31 decorre de erro no preenchimento, denominado "erro formal". São exemplos típicos: o sacador esqueceu-se de escrever a data no cheque ou de assiná-lo; o mês foi escrito em algarismo; não foi colocado o valor por extenso, entre outros casos. Por isso a conferência do cheque no ato do recebimento é de fundamental importância. Tarefa da tesouraria.

Uma situação corriqueira, principalmente no comércio, é a utilização do "cheque pré-datado" para compras a prazo. Por exemplo: imagine que no dia 30/5/2015 você deseja comprar um sapato de R$ 400,00, mas não tem dinheiro no momento. Então, negocia com o comerciante para que o pagamento ocorra em oito vezes, sem entrada. Assim, basta deixar oito cheques de R$ 50,00, os quais serão depositados mês a mês conforme a data combinada. Para isso, basta que o sacador/emitente coloque, no campo destinado à data de emissão, a data em que o cheque deverá ser depositado. Neste caso, o primeiro será no dia 30/6/2015 e o último no dia 30/1/2016. Como se diz no jargão popular: "a perder de vista".

Esse ponto de atenção é muito importante, principalmente para quem recebe o cheque – o comerciante –, pois ele tem um prazo de validade. Se não for depositado dentro do prazo, ele prescreve, perdendo a validade para cobrança. Veja a seguir quais são os prazos:

- **Prazo de apresentação:** 30 dias, a contar da data de emissão, para os cheques emitidos na mesma praça do banco sacado, e 60 dias para os cheques emitidos em outra praça.
- **Prazo de prescrição:** 6 meses decorridos a partir do término do prazo de apresentação.

Mesmo após o prazo de apresentação, o cheque é pago pelo banco se houver fundos na conta. Se não houver, o cheque é devolvido pelo motivo 11 (primeira apresentação) ou 12 (segunda apresentação). Já no caso de ser apresentado após o prazo de prescrição, o cheque é devolvido pela alínea 44 – cheque prescrito.

Sendo assim, no exemplo citado de compra em oito parcelas, se o emitente escrever a data de emissão do cheque – 30/5/2015 – e não a data em que ele deve ser depositado, o último cheque já estará prescrito. Dessa forma, quando o comerciante depositá-lo, o banco devolverá pela alínea 44 – cheque prescrito. Esse é um ponto crucial a ser observado pela tesouraria no momento em que recebe um cheque. Fique atento.

Por fim, não se esqueça de que, por se tratar de uma ordem de pagamento à vista, caso o cheque seja depositado antes da data combinada e houver saldo na conta, o banco o pagará. Caso contrário, será devolvido por falta de fundos. Por isso, muitas vezes ocorre de o beneficiário/recebedor do cheque – intencionalmente ou não – depositar antes da data combinada e trazer problemas para o sacador/emitente. Do ponto de vista da operação comercial, essa divergência poderá ser discutida na esfera judicial. Mas o prejuízo já ocorreu, principalmente se o cheque for devolvido.

Caso você queira conhecer um pouco mais sobre este assunto, entre na página do Banco Central do Brasil na internet: http://www.bcb.gov.br/?-CHEQUESFAQ.

Boleto bancário

Outro meio de pagamento muito utilizado pelas empresas e demais organizações formais é o boleto bancário. Criado para possibilitar o gerenciamento da carteira de cobrança das empresas pelos bancos e facilitar as transferências de recursos entre credores e devedores, o boleto representa um título de cobrança pagável em qualquer estabelecimento conveniado até uma data preestabelecida. Ele também é utilizado para o pagamento de inúmeras situações cotidianas, tais como: compras a prazo, mensalidades escolares, assinatura de jornais e revistas, seguros, taxas de condomínio, financiamentos, entre outros.

Ele contém as seguintes informações básicas:

- **Cedente:** quem emite a cobrança. Ou seja, aquele que irá receber a quantia cobrada.
- **Sacado:** quem efetuará o pagamento do boleto. Ou seja, aquele que irá pagar a quantia cobrada.
- **Banco:** instituição financeira responsável pela cobrança. O banco receberá o pagamento do referido documento de cobrança pago pelo sacado, e creditará a importância paga na conta bancária do cedente.
- **Valor do documento:** montante que deverá ser pago até o vencimento.
- **Data de vencimento:** data limite para o pagamento do título sem incidência de multa e juros.
- **Código digitável:** 48 dígitos que são utilizados para identificar os dados da transação (vencimento, valor, banco e cedente). É ele que possibilita a compensação bancária da operação. Aparece na parte superior do boleto, separado em cinco campos.
- **Código de barras:** representação gráfica do código digitável e por conseguinte dos dados do boleto para leitura por meio de leitor habilitado para tal função. Os boletos possuem essa representação gráfica codificada no padrão intercalado 2 de 5.

A formatação e codificação padronizada foram desenvolvidas pela Federação Brasileira de Bancos (Febraban) e devem ser rigorosamente obedecidas. Pelo código digitável ou pelo código de barras é possível realizar o pagamento mesmo que se perca o boleto físico. Aliás, o boleto tanto pode ser enviado ao sacado pelos Correios quanto por meio eletrônico – e-mail ou acesso a uma página na internet.

▸ Figura 13 – Exemplo de boleto bancário

Inicialmente, os boletos só podiam ser pagos em agências bancárias, mas hoje em dia é possível efetuar o pagamento de diversas formas, como em caixas eletrônicos, casas lotéricas, supermercados, ou pela internet com auxílio de um computador ou smartphone – *internet banking*. Isso trouxe uma agilidade enorme para a realização de pagamentos, uma vez que não é mais preciso ir até o banco.

Qualquer pessoa física ou jurídica pode cobrar por meio de boletos bancários. Para isso, basta ter uma conta bancária e contratar uma carteira de cobrança do banco. Não há custos para o sacado, porém o cedente paga uma tarifa ao banco, para que ele realize a operação e compensação do título. Na tesouraria, percebe-se o impacto da utilização desse meio de pagamento, que pode tanto ser utilizado no contas a receber da empresa – quando se é credor – quanto no contas a pagar – quando se é devedor.

Por fim, cabe destacar que há uma tendência em substituir os boletos pelo **Débito Direto Autorizado (DDA)**. Criado pela Febraban como um novo meio de pagamento, pode ser considerado um boleto bancário totalmente eletrônico, cujo pagamento pode ser realizado pela internet, pelo telefone ou pelo caixa eletrônico sem a necessidade do envio e recebimento do boleto em papel. Tende a ser um método mais seguro e funcional que o boleto tradicional. Sem contar que elimina o custo da postagem.

Principais linhas de crédito bancário

Conforme foi visto no início do livro, a administração do fluxo de caixa é uma função primordial da tesouraria, a qual engloba as atividades de planejamento e controle das disponibilidades financeiras. Quando falta dinheiro para honrar os compromissos da entidade, é preciso decidir qual será nossa fonte de recursos. É nessa hora, por exemplo, que muitas pessoas e também muitas empresas tomam a decisão de solicitar um empréstimo ao banco.

Na família, entre atrasar uma mensalidade escolar ou um condomínio, por exemplo, a mulher ou o homem responsável pela casa decide pedir um empréstimo e ficar devendo apenas ao banco, para evitar transtornos com outros credores importantes.

Na organização ocorre o mesmo tipo de situação. Entre atrasar o pagamento de um fornecedor importante, deixar de pagar os salários dos empregados ou mesmo o aluguel do ponto comercial, a tesouraria, na maioria das vezes, opta por pedir um empréstimo ao banco.

Mas para que serve o crédito? Será que é apenas para resolver emergências? Pense a respeito e imagine três desejos materiais que você pretende conquistar ao longo de sua vida pessoal e profissional.

Percebemos que o crédito pode ser um auxiliar na realização desses desejos. E que se houver planejamento e pesquisa de modo a adequar esse compromisso à nossa renda ou ao faturamento da empresa, é possível reduzir bem os juros desse empréstimo.

Na organização, os sócios/acionistas têm ambições de expandir seus negócios, comprando equipamentos novos, um novo veículo para as entregas, aumentando o volume dos seus estoques, adquirindo um novo imóvel, etc.

A regra é a mesma: quanto mais planejamento, pesquisa e adequação ao perfil da empresa, menos juros serão pagos.

Aliás, você sabe qual é a diferença entre empréstimo e financiamento? O empréstimo é uma operação de crédito entre o cliente e a instituição financeira pelo qual ele recebe uma quantia que deverá ser devolvida ao banco em prazo determinado, acrescida dos juros acertados. Os recursos obtidos no empréstimo não têm destinação específica. Já o financiamento é uma operação de crédito semelhante ao empréstimo, porém com destinação específica dos recursos tomados, tais como a aquisição de um imóvel, de um veículo, de uma máquina, etc. Em geral, o financiamento demanda algum tipo de garantia, por exemplo, alienação fiduciária ou hipoteca. Por isso normalmente tem um prazo maior para pagamento.

Ao solicitar um crédito, você deve fazer as seguintes perguntas:

1. De quanto precisa?
2. Para que precisa?
3. Quais as melhores alternativas?
4. Qual o prazo em que deseja liquidar esse empréstimo?
5. Que(ais) garantia(s) serão oferecidas na operação?

Com relação à primeira pergunta – de quanto precisa? – percebe-se que uma grande falha no cotidiano financeiro das empresas está, na maioria das vezes, em tomar o crédito que o banco oferece e não apenas aquele de que a empresa realmente necessita para o seu fluxo de caixa. Isso ocorre porque quando uma empresa não se planeja financeiramente ou não tem um fluxo de caixa elaborado, pega o crédito oferecido pelo banco, paga juros elevados por isso e pode acontecer de ficar sobrando saldo no caixa ou gastando no que não precisava. Procure realmente saber o valor correto para atender à necessidade da empresa.

No caso da segunda pergunta – para que precisa? –, é necessário refletir sobre o real objetivo do empréstimo. Quando se identifica claramente para qual destino está sendo direcionado o empréstimo solicitado, a área de tesouraria pode pesquisar no mercado se há outras alternativas para isso, mais viáveis financeiramente. Por exemplo, se for uma necessidade temporária, talvez seja melhor fazer um "desconto de recebíveis", antecipando no banco o recebimento das parcelas de cartão de crédito dos clientes.

Já sabendo a finalidade, é preciso avaliar quais as melhores alternativas. Como você irá negociar a taxa do empréstimo com o gerente do banco, é importante pesquisar e saber quais taxas estão sendo oferecidas pelos bancos concorrentes. Lembre-se: o "produto" de estoque de um banco é o dinheiro. Sendo assim, todos os bancos querem oferecer o seu "estoque" para o mercado, por isso você deve acompanhar o que cada concorrente está cobrando pelo mesmo produto. (Observe mais adiante as diversas linhas de crédito existentes no mercado e qual alternativa se encaixa melhor ao que a empresa necessita.)

Em seguida, é preciso decidir qual o prazo em que se deseja liquidar esse empréstimo. Você se lembra da famosa frase "tempo é dinheiro"? Ela realmente procede. Quando se fala em pagar juros bancários, todo o cuidado é pouco. Quanto maior o prazo para uma operação, maiores serão os encargos financeiros. Veja, no item "Matemática financeira", o impacto dos juros compostos em nossa economia e nas operações financeiras. O dinheiro vive em função do tempo, por isso, com um fluxo de caixa bem elaborado, a empresa consegue identificar em qual prazo pretende liquidar a operação. Nas linhas de crédito percebe-se que há operações mais temporais, de curto prazo, como também as chamadas operações de longo prazo, com objetivos mais específicos.

Ao negociar com o gerente do banco, você certamente precisará responder à seguinte pergunta: quais garantias serão oferecidas na operação? Os bancos preferem oferecer empréstimos ou financiamento com uma garantia em seu poder. Isso também é chamado no mercado de colateral. É importante perceber, como auxiliar de tesouraria, que, pela lógica do mercado, quanto maior a garantia oferecida pelo tomador do recurso, menor e melhor negociada será a taxa de juros.

Como forma de responder a essas perguntas, confira, a seguir, algumas das principais linhas de crédito bancárias que auxiliam as empresas e suas respectivas garantias.

Cheque especial pessoa jurídica: também denominado cheque empresarial ou cheque empresa, é um empréstimo de natureza rotativa, em conta corrente, destinado a suprir eventuais necessidades de capital de giro, garantindo a cobertura de saques a descoberto em conta corrente, cumulativo até o limite e prazo. Usa-se para uma emergência no caixa da empresa ou uma temporalidade. É um produto que é aprovado de forma rápida, porém, com uma taxa onerosa. Sua garantia envolve os sócios da empresa ou seus representantes como avalistas. Nesta modalidade não existe parcelamento. Os juros são rotativos e cobrados mensalmente, em geral no início do mês. Por terem uma das taxas de juros mais elevadas do mercado, devem ser duramente evitadas. Veja no quadro abaixo as taxas médias de juros praticadas no cheque especial pessoa jurídica pelos principais bancos brasileiros no período de 9/4/2018 a 13/4/2018.

QUADRO 7 – JUROS BANCÁRIOS DO CHEQUE ESPECIAL PESSOA JURÍDICA

INSTITUIÇÃO FINANCEIRA	TAXA DE JUROS % A.M.	TAXA DE JUROS % A.A.
Banco do Brasil S.A.	13,52%	357,93%
Caixa Econômica Federal	13,42%	353,21%
Banco Bradesco S.A.	11,82%	281,97%
Banco Santander S.A.	13,79%	371,34%
Itaú Unibanco S.A.	13,84%	373,13%

Fonte: Banco Central do Brasil, 2018.

Conta garantida: é também uma modalidade de crédito rotativo, com juros cobrados mensalmente. A vantagem está em uma prática de juros menores que os do cheque especial, visto que esta modalidade pede alguma garantia adicional além do aval – por exemplo, os recebíveis da empresa.

Antecipação de recebíveis: os recebíveis de uma empresa são, na sua maioria, as duplicatas, os boletos, os cheques pré-datados e os cartões de crédito. Esse tipo de empréstimo é muito utilizado no comércio, na indústria e nos serviços. Na pessoa física, é muito utilizado por profissionais liberais (dentistas, médicos, etc.). A empresa possui um valor a receber e utiliza o banco como forma de antecipar este valor, mediante uma taxa de juros. As garantias dadas nessa modalidade são os próprios recebíveis, que terão seus direitos transferidos ao banco. Além disso, os sócios estarão como devedores solidários na operação.

Capital de giro: é uma opção de empréstimo com pagamento parcelado, em que a empresa recebe o valor contratado de uma só vez e paga em parcelas, conforme o plano de pagamento escolhido. Esse tipo de empréstimo visa atender a uma necessidade de caixa no curto prazo da empresa, tanto na parte financeira como na possibilidade de ampliar seus estoques. Suas operações são pré-fixadas, ou seja, a empresa se programa com aquele valor fixo, do início ao final do contrato.

Leasing: destinado à aquisição de bens móveis (por exemplo, veículos, equipamentos, computadores, etc.) no qual o mesmo fica vinculado a um contrato de arrendamento mercantil. Este é um tipo de financiamento chamado parcelado, em que todo mês, em uma data fixa, será paga uma parcela do contrato. O *leasing* é como um aluguel em que o banco lhe dará posse do bem ao final do contrato. A garantia do contrato é o próprio bem envolvido. Os sócios também assinam como devedores solidários. O prazo mínimo desse tipo de operação é de 24 meses.

Crédito do BNDES: tem por finalidade realizar financiamentos de longo prazo para o desenvolvimento de projetos e a comercialização de máquinas e equipamentos novos, com taxas de juros subsidiadas. Para as pequenas e médias empresas, há disponível o cartão BNDES. As taxas do financiamento via BNDES são mais acessíveis e utilizam os bancos como repassadores.

Esses bancos possuem várias linhas de crédito disponíveis no mercado para atender às necessidades das empresas. Para cada situação, a empresa vai recorrer a uma modalidade mais adequada. O auxiliar de tesouraria não precisa ligar para todos os bancos da cidade para saber a taxa de determinada operação. O Banco Central possui, em seu site, um serviço disponível ao cidadão – tanto para pessoa física quanto para pessoa jurídica – com as taxas de todos os bancos nas mais diversas modalidades de crédito. As informações são atualizadas semanalmente. Até um simulador de prestação está disponível para o cidadão digitar o valor do empréstimo e a taxa do banco. Vale a pena acessar esse site e constatar quanta diferença de juros pode haver de um estabelecimento para outro. Veja no link: http://www.bcb.gov.br/pt-br/sfn/infopban/txcred/txjuros/Paginas/default.aspx.

É importante lembrar que em todas as operações de crédito, além da taxa de juros cobrada pelos bancos, a empresa também terá a cobrança do Imposto sobre Operações Financeiras (IOF). O IOF é um imposto federal que incide sobre as operações de crédito realizadas por instituições financeiras, operações de câmbio, operações de seguro, operações relativas a títulos e valores mobiliários e operações com ouro.

Como é de competência da União, muitas vezes essa taxa pode ser utilizada para estimular ou desestimular o consumo. Por exemplo, o governo aumentou, em 28 de dezembro de 2014, a alíquota do IOF sobre as compras em moeda estrangeira com cartão de crédito, de 0,38% para 6,38%, visando desestimular as compras no exterior. O mesmo ocorreu com o IOF sobre operações de crédito para pessoas físicas, que em janeiro de 2015 dobrou de 0,0041% ao dia (1,5% ao ano) para 0,0082% ao dia (3% ao ano). Isso tornou mais cara a compra a prazo pelos consumidores.

Nas operações contratadas por pessoas jurídicas, o IOF é de 0,00137% ao dia para os optantes pelo Simples Nacional, em operações iguais ou inferiores a R$ 30.000,00. Para os demais casos, 0,0041% ao dia. Há ainda uma alíquota adicional vigente de 0,38% fixo sobre as operações de crédito, independentemente do prazo, tanto para pessoas físicas como jurídicas.

Um exemplo da aplicação do IOF são as operações realizadas de mútuo: nos casos de grupo empresarial, é bastante comum o empréstimo de dinheiro de uma empresa para outra, geralmente para suprir uma necessidade de caixa momentânea. Essa transação é chamada de mútuo.

De acordo com o artigo 586 do Código Civil, "o mútuo é o empréstimo de coisas fungíveis. O mutuário é obrigado a restituir ao mutuante o que dele recebeu em coisa do mesmo gênero, qualidade e quantidade". O mútuo sempre deverá ser realizado mediante a elaboração de um contrato e os juros cobrados não poderão exceder a taxa Selic. A tesouraria deverá fazer o controle de mútuo, bem como o recolhimento dos impostos incidentes sobre esse empréstimo e os respectivos registros contábeis. Atualmente, o mútuo é regido pelos artigos 586 a 592 do Código Civil (Lei nº 10.406/2002). Consulte a lei completa no link: http://www.planalto.gov.br/ccivil_03/leis/2002/l10406compilada.htm.

A título de exemplo, suponha que uma empresa faça um empréstimo pelo prazo de um mês (30 dias) no valor de R$ 10.000,00. A taxa cobrada pelo gerente do banco foi de 4% ao mês. Quanto a empresa pagará de juros e IOF? Este cálculo pode ser feito em uma calculadora simples, conforme abaixo:

- **Juros = valor do empréstimo × taxa de juros × prazo**
- Juros = R$ 10.000,00 × 0,04 × 1 = R$ 400,00
- **IOF = valor do empréstimo × IOF ao dia × prazo**
- IOF = R$ 10.000,00 × 0,000041 × 30 = R$ 12,30
- **IOF adicional = valor do empréstimo × 0,38%**
- IOF adicional = R$ 10.000,00 × 0,0038 = R$ 38,00

Neste exemplo, o IOF será cobrado no ato, ou seja, a empresa receberá um valor líquido de R$ 9.949,70 e pagará, no final do mês, o valor de R$ 10.400,00. Ou seja, a empresa teve um custo total de R$ 450,30 em toda a operação. Portanto, note como é importante pesquisar bem as taxas antes de fazer as operações.

Há outras formas de captação de recursos externos para financiamento da empresa, tais como operações de *factoring*, operações de vendor e adiantamento sobre contratos de câmbio, as quais normalmente são utilizadas para operações de curto prazo. Para longo prazo, há as opções de *leaseback*, emissão de debentures, entre outras. Todas possuem um maior grau de complexidade e requisitos específicos, por isso não serão abordadas neste livro. Mas vale a pena pesquisar sobre elas, pois podem ser uma boa alternativa.

Ainda, para financiamentos de longo prazo, as organizações podem recorrer ao uso de capital próprio advindo dos sócios ou acionistas – nas sociedades anônimas. Isso se dá pelo aumento de capital social, em que os proprietários aportam recursos pessoais para a empresa. Nas sociedades anônimas, o processo se dá pela emissão de ações, também chamada de oferta pública de ações.

Principais aplicações financeiras

Frequentemente, ao indagar empreendedores ou profissionais que já atuam na área financeira de uma empresa sobre como eles decidem a forma de investir o valor que sobrou no caixa da empresa ou do próprio orçamento doméstico, é perceptível uma certa dificuldade em responder a essa questão. Seja por falta de acompanhamento do que ocorre no mercado financeiro, seja por falta de conhecimento, a decisão sobre a alternativa ideal para aplicar os recursos financeiros acaba sendo uma tarefa difícil.

Assim, um dos grandes desafios para o profissional que atua na área da tesouraria de uma empresa é o de identificar as melhores alternativas para investir os recursos que sobram nos saldos das contas bancárias das empresas. Esses excedentes ocorrem quando o fluxo de caixa demonstra que durante os meses seguintes, caso sejam atingidos os objetivos, a empresa terá saldo positivo excedente em seu caixa. Esse tipo de empresa é chamado de empresa "doadora" de recursos no mercado.

Há três perfis financeiros muito claros quanto às situações financeiras que as empresas vivem no mercado: uma será tomadora de recursos, ou seja, regularmente realizará empréstimos bancários para manter o seu fluxo de caixa em dia. Nesse caso, é comum a empresa ter dificuldade de planejar em médio e longo prazo, pois o seu curto prazo está comprometido.

O profissional da tesouraria, ou mesmo o próprio empresário que vive esse momento da empresa, acaba investindo a maior parte do seu tempo de trabalho em pesquisa de taxas de empréstimos e financiamentos, para saber de qual banco tomará recurso para aquele dia ou período. Simplificando: ele fica "apagando incêndios".

Outro grupo de empresas é aquele que somente utiliza os serviços bancários, ou seja, nem toma dinheiro no mercado e nem investe. Paga suas contas regularmente, está sempre na "linha d'água", porém, já tem possibilidade de planejar um fluxo de caixa. Um aspecto negativo em empresas com esse perfil de tesouraria é que faltarão recursos futuros para reinvestimento produtivo, seja na infraestrutura, seja na expansão dos negócios, etc.

A ênfase deste tópico está exatamente nas organizações com o perfil financeiro chamado de empresa "doadora" de recursos, ou seja, é aquela que consegue honrar todos os seus compromissos e possui liquidez, pois os saldos ficam excedentes na conta. Nesse perfil, a empresa honra regularmente seus compromissos de curto prazo, realiza um planejamento de fluxo de caixa de curto, médio e longo prazo e possui recursos excedentes que podem ser aplicados no mercado ou reinvestidos na própria empresa.

É surpreendente ver que algumas pessoas e empresas deixam saldos parados na conta corrente, às vezes por semanas e até meses, mesmo em períodos de inflação e taxas de juros elevadas. Ao ser contatado pelo gerente do banco para fornecer orientações sobre onde investir, o responsável pela área financeira costuma dizer: "não tive tempo de decidir", "não falei com meu chefe ainda", "a empresa não gosta de aplicar dinheiro", "provavelmente teremos que usar esse saldo", etc. Percebe-se então, nesse caso, que muitas vezes a decisão de investir não é realizada por desconhecimento ou por não ter uma visão de médio e longo prazo do seu fluxo de caixa. Isso prejudica o desempenho financeiro da empresa.

Até aqui você aprendeu sobre o impacto da inflação e da taxa de juros, bem como o papel das instituições financeiras na intermediação dos negócios. Já sabe também a quais modalidades de crédito pode recorrer quando a organização necessita de recursos. Mas e quando a empresa possui sobra de recursos, pois consegue honrar seus compromissos em dia e, ainda sim, fazer sobrar algum valor?

Quando se fala em investimentos, deve-se ter em mente dois ditos populares:

"Nem tudo que reluz é ouro."

Você já ouviu falar em pirita? É um tipo de ferro que, por causa do seu brilho metálico e da cor amarelada, também recebeu o apelido de "ouro de tolo", pois havia gente que pagava um preço alto pela pirita por não saber distinguir esse minério do ouro verdadeiro. No mercado de investimentos é preciso tomar esse mesmo cuidado, pois às vezes aplicamos o nosso dinheiro em algo que pode nos dar uma enorme dor de cabeça. Isso é comum quando lhe oferecem uma oportunidade para aplicação dos seus recursos financeiros que parece ser uma "barbada", ou seja, ter rendimento muito acima do praticado pelo mercado. Desconfie e procure entender bem se não se trata de pirita, parecendo ouro.

"Nunca coloque todos os ovos em uma só cesta."

Esse ditado reflete bem uma importante teoria de finanças – a Teoria da Carteira, de Harry Max Markowitz (1952) – na qual o investidor deve compor uma carteira com vários tipos de investimento para diversificar sua exposição ao risco e conseguir atingir um retorno esperado. Claro que isso é uma grande simplificação da teoria, mas vale para você refletir sobre a sua prática cotidiana na tesouraria. No caso, os "ovos" representam o dinheiro disponível, e a "cesta", o investimento escolhido. Se a cesta cair, ou a raposa aparecer para atacar os ovos, pode não sobrar nada.

Mas trazendo isso para o contexto da tesouraria, havendo disponibilidade de recursos, o ideal é fazer uma distribuição entre alguns tipos de investimentos e não aplicar tudo em uma única modalidade. Por exemplo: aplicar 40% dos recursos na caderneta de poupança, 30% em um CDB, 15% em títulos públicos, 10% em um fundo multimercado e 5% em ações de alguma empresa. Dessa forma, você estará diversificando os investimentos e reduzindo os riscos. A composição da carteira dependerá sempre do apetite ao risco do investidor. Uns, mais arrojados, preferem correr mais riscos, tendo a possibilidade de "talvez" conseguir um retorno elevado. Outros, mais conservadores, preferem a segurança, mesmo que não tenham a probabilidade de obter um grande retorno.

Essa é a grande questão entre risco e retorno. Para nos aprofundarmos um pouco mais na questão, vamos pensar no seguinte exemplo: você está com um recurso de R$ 10.000,00 disponível para investir e procurou um banco para aplicar na poupança. O gerente lhe ofereceu algo próximo a 1% ao mês com liquidez diária, protegido pelo Fundo Garantidor de Créditos (FGC), mas isso não o atraiu muito. Em outro dia, você lê um anúncio no jornal com uma proposta tentadora, para ganhar algo em torno de 40% ao ano, investindo em ações de uma empresa mineradora de ouro.

Agora reflita: você aplicaria esse dinheiro por causa da alta rentabilidade? Por quê? O que você levaria em conta antes de decidir investir? Em um ambiente no qual os recursos financeiros são escassos e valiosos, as decisões precisam ser bem pensadas. Por isso, antes de tomar qualquer decisão de investimento, é preciso analisar bem algumas questões:

- Quais são os objetivos da empresa para investir o recurso no mercado financeiro?
- Qual o horizonte de investimento da empresa? Ou seja, quanto tempo?
- Qual a relação risco × retorno em que a empresa deseja operar?
- Qual o nível ideal de diversificação das aplicações financeiras?

Veja a seguir a análise das questões citadas acima:

Objetivos da empresa: cada empresa possui sua própria cultura, na maioria das vezes herdada dos seus proprietários, e essa cultura é relacionada também com o assunto dinheiro. É necessário identificar qual o perfil dos proprietários na condução dos recursos da empresa, ou seja, se são conservadores, moderados ou arrojados. Também deve ser observado se a empresa deseja fazer alguma expansão ou investimento produtivo para o cenário de curto prazo.

Horizonte de investimento: a tesouraria deve identificar, por meio do planejamento e do controle do fluxo de caixa, qual o tempo em que o recurso será necessário ou ficará disponível na empresa. Conforme o tempo disponível, a empresa possuirá melhores alternativas para investir os recursos excedentes. Devemos identificar se os investimentos serão de curto, médio ou longo prazo.

Relação risco × retorno: conforme o perfil comentado nos objetivos da empresa, quanto maior for o retorno que a empresa desejar ter com o seu investimento, maior será a relação de risco. Veja mais adiante que alguns investimentos possuem um grau de risco mais alto.

Diversificação: mesmo identificando boas alternativas para investir, a tesouraria deve sempre optar por diversificar os investimentos em produtos também conservadores. Ou seja, mesmo que a Bolsa de Valores esteja com a maior rentabilidade de todos os investimentos disponíveis, a tesouraria não deve aplicar todo o recurso em ações. Sempre a maior parte do investimento financeiro ficará em investimentos conservadores, tais como renda fixa, CDB, etc. Assim como em investimentos com boa liquidez, como é o caso da caderneta de poupança.

As pessoas que lidam com investimentos sempre devem levar em conta a relação entre rentabilidade, segurança, risco e liquidez. É natural que uma boa rentabilidade sobre um dinheiro aplicado atraia qualquer pessoa, mas, como o dinheiro é um recurso escasso, deve-se tomar o máximo de cuidado ao investi-lo.

A relação da rentabilidade estará sempre associada ao período de tempo, pois existe uma grande diferença entre uma mesma rentabilidade ser oferecida para o prazo de um mês e outra para o prazo de dois anos. No exemplo, a aplicação no banco lhe renderia 1% ao mês, que se continuasse aplicado por um ano renderia 12,68%. Por outro lado, a aplicação nas ações da mineradora de ouro poderia lhe render mais que o triplo, ou seja, 40% ao ano; mas você só receberá após um ano, se tudo correr bem.

A segurança refere-se à confiabilidade no investimento que está sendo feito. É necessário saber em que instituição está investindo, pois precisa ter a segurança de que, se deixar o dinheiro lá por muitos anos, ele estará devidamente guardado em uma instituição confiável. No exemplo, o banco oferece a segurança do FGC. Assim, mesmo que o banco "quebre", seu dinheiro está garantido. Mas será que a mineradora lhe dará a mesma garantia?

Adjacente à questão da segurança está o risco, ou seja, a incerteza. O risco está associado a um custo de oportunidade. Para citar um exemplo dessa relação no cotidiano é só perceber a visão das pessoas quando jogam na loteria ou quando compram um título de capitalização. No risco, está associada conscientemente a perda total ou parcial daquele dinheiro em vista da oportunidade de ficar rico. Nisso, milhões de pessoas jogam e, na maioria das vezes, somente alguns ou apenas uma pessoa ganha. Nesse caso, o risco é bem maior do que a oportunidade. Aqui vale uma regra básica de finanças: quanto maior for o risco, maior tem de ser o retorno.

A liquidez refere-se à rapidez com que um recurso investido pode voltar ao caixa do seu proprietário. No exemplo anterior, de R$ 10.000,00, verifique as possibilidades de liquidez. Na aplicação efetuada no banco, a liquidez é diária, ou seja, a qualquer momento você pode resgatar o dinheiro. Já no caso das ações da mineradora será preciso vendê-las para algum interessado. Talvez consiga fazer isso no mesmo dia, mas em alguns casos pode não encontrar interessados, o que demandará um tempo maior, ou então dar um bom desconto.

Percebeu a relação rentabilidade/segurança/risco/liquidez? Agora, ciente da necessidade de avaliar tais elementos diante das oportunidades, analise os tipos de investimentos mais comuns disponíveis nos bancos, pois terá inúmeras opções seguras para guardar o dinheiro. Aliás, o mercado financeiro brasileiro é considerado um dos mais sofisticados do mundo, oferecendo uma gama variada de possibilidades. Basta conhecê-las bem.

Primeiramente, vamos dividir os produtos de investimentos em duas modalidades: renda fixa e renda variável.

Renda fixa

Os investimentos de renda fixa são aqueles cuja remuneração, ou a forma como é calculada, é definida no momento da aplicação. Assim, as condições do investimento – tais como cláusulas de recompra, prazos, formas de remuneração e índices – são acertadas previamente, antes mesmo de o investidor fazer seu primeiro aporte. Nem sempre a rentabilidade é conhecida com antecedência, mas a forma como ela é calculada, sim.

Nas aplicações em renda fixa o investidor empresta certa quantia ao emissor do título que após um período predeterminado – meses ou até anos – restituirá o valor aplicado (principal), acrescido de juros que são pagos como forma de remuneração pela operação.

Essa remuneração pode ser prefixada ou pós-fixada. No primeiro caso, o valor é previamente conhecido, sendo normalmente um percentual de ganho. Por isso o termo "prefixada". Pode ser uma taxa previamente fixada de 10% ao ano, por exemplo. A caderneta de poupança, os fundos DI e alguns títulos públicos, como a LTN, são alguns exemplos de investimentos cuja rentabilidade é exclusivamente prefixada.

Já no caso dos títulos de renda fixa pós-fixados, a remuneração é conhecida posteriormente à aplicação, uma vez que está associada à variação de algum índice de mercado (IGP-M, IPCA, etc.). Pode ser, por exemplo, 5% ao ano mais a variação do IPCA, ou então 90% do CDI, entre outras. Embora tenha essa variabilidade – levando algumas pessoas a acharem que é uma renda variável –, é um título de renda fixa porque o tipo de rendimento é determinado no momento da compra do título. Alguns títulos públicos, como a LFT e a NTN séries B e C, são exemplos de investimentos cuja rentabilidade é exclusivamente pós-fixada.

Os títulos de renda fixa são emitidos por entidades públicas e privadas, e embora haja essa classificação entre prefixado e pós-fixado, em sua grande maioria, tais como o CDB, LC, LCI, LCA, entre outros, tanto podem ser pré quanto pós-fixados, sendo essa uma característica determinada pelo emissor ao ofertar o título.

Uma estratégia interessante utilizada pelos emissores para atrair os investidores que necessitam de liquidez é a possibilidade de resgate antes do vencimento, mesmo que com um rendimento menor que o definido no momento da contratação. Isso precisa estar claramente estabelecido. Um exemplo típico é o tesouro direto, em que há títulos prefixados e pós-fixados com prazos que variam anos, contudo, podem ser recomprados todas às quartas-feiras pelo valor que estiver sendo praticado no mercado.

Renda variável

Como o nome mesmo já nos informa, este é um investimento cuja renda pode variar, e muito, dependendo do tipo. O exemplo mais fácil de identificar é o mercado de ações, no qual o investidor compra uma fração do capital social de uma empresa – sociedade anônima –, se tornando sócio e com isso participando de seus resultados. Essas ações podem ser convertidas em dinheiro por meio de negociação na Bolsa de Valores. Porém, como seu preço depende das condições de mercado – oferta e demanda –, pode ter grandes variações por conta de várias condições, como a conjuntura econômica, a expectativa de desempenho da empresa, entre outras.

É o tipo de investimento indicado para quem procura maior rentabilidade e tem uma propensão maior ao risco. A rentabilidade pode se dar pela valorização do preço da ação ou então pela distribuição de lucros realizada pela empresa em certos momentos – os chamados dividendos – caso haja lucros, obviamente. Por isso ela carrega um grau elevado de incertezas, que pode fazer, por exemplo, você ter uma rentabilidade negativa.

Veja aquele exemplo de investimento em ações de uma empresa mineradora de ouro. Está lembrado? Digamos que você tenha comprado 1.000 ações da empresa por R$ 10,00 cada (R$ 10.000,00 no total), na expectativa de ter um ganho de 40% em um ano. Porém, passado um ano, os negócios dessa empresa acabaram não indo tão bem quanto o esperado e não tinha tanto ouro quanto a companhia estimava. Com isso, em vez de lucro, a empresa apurou prejuízo no exercício. Por consequência o mercado financeiro entendeu que as ações da empresa não valiam mais R$ 10,00 cada e sim R$ 7,00. Dessa forma, o seu investimento – seu ativo – que era de R$ 10.000,00 passou a valer R$ 7.000,00. Ou seja, você teve uma rentabilidade negativa de 30%, pois perdeu R$ 3.000,00.

Justamente por isso este é um investimento que precisa ser feito e acompanhado por profissionais especializados. A renda variável pode proporcionar maior rentabilidade, principalmente se o investimento for feito com critério, diante de opções bem avaliadas, no momento certo e com diversificação.

Há ainda outras opções de investimento em renda variável, tais como fundo de ações, fundo multimercado, mercado de *commodities* – ouro, soja, minérios, etc. –, mercado de câmbio, mercado de derivativos, etc. Enfim, há uma gama enorme de possibilidades disponibilizadas pelo mercado financeiro. Mas lembre-se, é "brincadeira de gente grande".

Com esse conhecimento, a área de tesouraria adequará corretamente os excedentes de caixa da empresa aos produtos de investimentos mais viáveis para a decisão da empresa. Veja na sequência as três possibilidades de aplicações financeiras: poupança, CDB e fundos de investimento.

Poupança

Embora já tenhamos discorrido sobre a poupança no contexto da economia e de suas taxas de juros, vamos abordá-la com mais detalhes. Popularmente conhecida como caderneta de poupança, trata-se de um produto de investimento seguro e com baixíssimo risco. Para se ter uma base, a poupança foi criada com a Caixa Econômica Federal, pela Lei nº 2.040 de 1871, assinada pelo imperador Dom Pedro II. Ele determinava o pagamento de juros de 6% para as pequenas economias das classes menos abastadas, garantindo a fiel devolução desse dinheiro.

Ela foi criada como instrumento de inclusão social, porém, ao longo dos anos, passou a ser um produto aceito também pelas mais diversas classes sociais, tanto que sua força é enorme até os dias de hoje, sendo o investimento mais popular do Brasil.

Antes de 4 de maio de 2012, a caderneta de poupança tinha o rendimento mensal de 0,5% mais a TR. Porém, a partir dessa data, para as novas aplicações, sempre que a Selic for igual ou inferior a 8,5%, a remuneração será de 70% da Selic mais a TR. Isso foi uma estratégia adotada pelo governo para não desestimular os poupadores quando as taxas de juros adotadas na renda fixa estivessem elevadas, e a TR não.

Uma grande vantagem para as pessoas físicas é o fato de o rendimento da poupança ser isento do imposto de renda, que gira em torno de 15% nas outras modalidades.

As empresas também podem investir na poupança, mas terão algumas particularidades. Diferentemente da pessoa física, o rendimento é trimestral, sendo composto por 1,50% ao trimestre mais a variação da TR. Quando a taxa Selic for igual ou menor que 8,5% a.a., a remuneração será igual a 70% da taxa Selic ao ano, mensalizada, vigente na data de início do período de rendimento, mais a TR. Além disso, no caso de organizações com fins lucrativos, paga-se o imposto de renda de 22,50% sobre o ganho. As organizações sem fins lucrativos estão imunes desse imposto.

Pode acontecer de um banco falir ou não ter condições financeiras de devolver o dinheiro do cliente que lá estava aplicado? Há algum risco ao investir em poupança? Não só na poupança como em todos os investimentos no mercado financeiro existe o risco. O que muda é a intensidade do risco, podendo ser maior ou menor. Caso um banco feche suas portas, o cliente poderá contar com uma garantia no mercado através do Fundo Garantidor de Crédito (FGC).

Trata-se de uma associação civil sem fins lucrativos, com personalidade jurídica de direito privado, que administra um mecanismo de proteção aos correntistas, poupadores e investidores. O fundo permite ao investidor recuperar os depósitos ou créditos mantidos em instituição financeira até determinado valor, em caso de intervenção, de liquidação ou de falência. O FGC garante, no chamado Limite de Cobertura Ordinária, até R$ 250.000,00 por CPF ou CNPJ. Nesse caso, se o recurso aplicado for maior que o FGC, o cliente perde o recurso restante. São garantidos:

- depósitos à vista ou sacáveis mediante aviso prévio;
- depósitos de poupança;
- depósitos a prazo, com ou sem emissão de certificado (CDB/RDB);
- depósitos mantidos em contas não movimentáveis por cheques, destinadas ao registro e controle do fluxo de recursos referentes à prestação de serviços de pagamento de salários, vencimentos, aposentadorias, pensões e similares;
- letras de câmbio;
- letras imobiliárias;
- letras hipotecárias;
- letras de crédito imobiliário;
- letras de crédito do agronegócio;
- operações compromissadas que têm como objeto títulos emitidos após 8/3/2012 por empresa ligada.

O FGC é um importante instrumento para a credibilidade e confiança no sistema financeiro. Sua atuação direta se iniciou justamente quando a crise do setor bancário brasileiro tomou proporções maiores, em 1996, com a liquidação de vários bancos, entre eles, o Banco Bamerindus.

Certificados de Depósito Bancário (CDB)

São títulos privados emitidos exclusivamente pelos bancos para obter recursos que serão aplicados em outros ativos – por exemplo, emprestar dinheiro ao mercado. Por isso o nome "certificado de depósito bancário". Os bancos podem emprestar boa parte do dinheiro que depositamos à vista – como o saldo em conta corrente. Existe uma limitação para o banco emprestar esse dinheiro, mas, em compensação, ele não nos remunera por isso. Já nos depósitos a prazo (CDBs), é cedido determinado montante para o banco por um prazo previamente acordado, e ele devolverá esse montante acrescido de uma taxa de juros (pré ou pós-fixada). Essa remuneração pode variar de banco para banco, conforme suas necessidades de caixa. Quando o banco está precisando de dinheiro, paga taxas melhores, obedecendo a lei da oferta e da procura. Por isso, é fundamental pesquisar a oferta dos bancos e negociar com o gerente da sua conta, especialmente para valores maiores.

É considerada uma aplicação de baixo risco, principalmente por ter cobertura do FGC até o limite de R$ 250.000,00. Mas lembre-se de que esse valor é por CPF/CNPJ e por instituição financeira. Se a aplicação for maior que essa, é recomendável dividir entre várias instituições bancárias. Lembre-se da história dos ovos na mesma cesta.

A tributação pelo imposto de renda dos CDBs é semelhante à maioria das aplicações de renda fixa, sendo decrescente conforme o prazo. Ou seja, quanto mais tempo o recurso ficar aplicado, menor será a tributação. Portanto, é fundamental um bom planejamento de caixa. Veja abaixo as alíquotas:

- 22,5% – sobre os rendimentos ocorridos até 180 dias após a aplicação;
- 20% – sobre os rendimentos ocorridos até 360 dias após a aplicação;
- 17,5% – sobre os rendimentos ocorridos até 720 dias após a aplicação;
- 15% – sobre os rendimentos ocorridos após 720 dias da aplicação.

Fundos de investimento

Um fundo de investimento é um condomínio que reúne recursos de um conjunto de investidores (cotistas) com o objetivo de obter ganhos financeiros a partir da aquisição de uma carteira formada por vários tipos de investimentos (conhecidos como ativos). Eles oferecem a possibilidade de agrupamento dos recursos de inúmeros investidores, mesmo em pequenos valores, alcançando um volume de dinheiro que possibilita a contratação de um gestor.

Funciona de forma similar a um prédio no qual cada condômino possui uma cota – um apartamento – e remunera alguém para administrar e coordenar as tarefas do condomínio (contador, porteiro, jardineiro, pessoal da limpeza, etc.). A vantagem é que os administradores são especialistas, garantindo uma melhor gestão.

No fundo de investimento, os cotistas (investidores) compram uma quantidade de cotas por um valor específico e pagam uma taxa de administração ao gestor para coordenar as tarefas do fundo e gerenciar seus recursos no mercado. Ao comprar cotas de um fundo, o cotista está aceitando suas regras de funcionamento (perfil de risco, aplicação, resgate, horários, custos, etc.).

O dinheiro aplicado no fundo é convertido em cotas distribuídas entre os aplicadores, que se tornam proprietários de partes da carteira de investimento do fundo, proporcionalmente ao capital investido. O valor da cota é atualizado diariamente e o cálculo do saldo do cotista é feito multiplicando o número de cotas adquiridas pelo valor da cota no dia.

Retornando ao exemplo dado anteriormente, vamos considerar que o banco gestor do fundo tenha estipulado uma taxa de administração de 2%, que incidirá sobre R$ 1.250,00, ou seja, R$ 25,00. Assim, o valor líquido será R$ 1.225,00, que dividido nas 500 cotas resulta em R$ 2,45. Como o investimento inicial foi de R$ 2,00, obteve-se um ganho líquido de R$ 0,45. Pode-se dizer que a rentabilidade foi de 22,5%, a qual teria sido de 25% se não houvesse a taxa de administração. Mas é claro que o gestor tem de ser remunerado. Resta saber se os 2% são a remuneração adequada ou não.

> **Outro exemplo:** Vamos imaginar que você resolveu investir R$ 1.000,00 em um determinado fundo de investimento, com o valor de cada cota a R$ 2,00. Ao aplicar nesse fundo, os R$ 1.000,00 serão convertidos em cotas: R$ 1.000,00 ÷ 2,00 = 500 cotas. Após um tempo, ao consultar o valor da cota desse fundo, a mesma estava valendo R$ 2,50, ou seja, como o investidor possui 500 cotas, o saldo bruto do fundo será R$ 1.250,00. Esse investimento, somado a todos os valores de todos os outros investidores, formará o patrimônio líquido desse fundo, que também é informado diariamente e nos auxilia a saber qual a segurança desse fundo.

A rentabilidade do fundo é representada pelos ganhos obtidos na gestão da carteira de investimentos ao longo do tempo, deduzidos os custos operacionais e a taxa de administração. Ou seja, tanto as receitas quanto as despesas são rateadas entre os participantes. Dessa forma, ele pode ter tanto um ganho quanto uma perda. Depende do risco oriundo da estratégia de investimento adotada pelo gestor, que deve respeitar as características definidas no seu regulamento. Por isso, existem fundos conservadores e fundos mais agressivos, com diferentes graus de risco definidos de acordo com seu objetivo.

Se um fundo conseguir rentabilidade de 3% em um mês, todos os cotistas terão a mesma valorização, independentemente do valor aplicado. As taxas de administração e os impostos têm grande importância na rentabilidade do fundo, portanto, vale a pena ficar atento às taxas cobradas, que variam de acordo com o fundo e com a instituição. A taxa de administração é a remuneração do banco ou da instituição financeira que cuidará da gestão desse patrimônio, sendo um percentual cobrado anualmente sobre o patrimônio líquido do fundo e independente dos rendimentos obtidos pelos cotistas.

Se você já está pensando em aplicar em um fundo e quer saber se a taxa de administração nesse caso é maior, menor ou está na média do que é cobrado, você pode acessar o relatório de taxas de administração da Associação Brasileira das Entidades dos Mercados Financeiro e de Capitais (Anbima) – entidade que representa as instituições que atuam no mercado brasileiro de capitais. Esse relatório apresenta as taxas médias de administração cobradas pelos fundos em determinado período. Veja a seguir um quadro com os dados de março/2015:

QUADRO 8 – TAXAS MÉDIAS DE ADMINISTRAÇÃO (%) NO VAREJO – MARÇO/2015	
CATEGORIAS	MÉDIA %
Referenciado DI	1,06%
Renda fixa	1,05%
Multimercados	1,79%
Ações	2,20%

Fonte: Anbima (http://portal.anbima.com.br).

Verifique no quadro anterior que a taxa média de administração ficou entre 1,06% e 2,20%. As categorias mais arrojadas, que possuem maior risco e também maior potencial de retorno, carregam uma taxa mais alta. É o caso dos fundos em ações, com taxa de 2,20% – obviamente por se tratarem de carteiras de investimentos que demandam maior atuação e acompanhamento do gestor.

Mas fique atento ao regulamento e prospecto do fundo, pois além da taxa de administração alguns fundos cobram uma taxa de performance quando a rentabilidade do fundo supera a de um indicador de referência (CDI, Ibovespa, Selic, etc.). Por exemplo, um fundo pode prever a cobrança de taxa de performance de 20% sobre o que exceder a variação do CDI. Assim, quando a rentabilidade ultrapassar o CDI, o investidor fica com 80% do excedente, e o gestor, com os outros 20% (por isso a taxa de performance é de 20%). Isso diminuirá a rentabilidade do investidor.

Conforme vimos no quadro que apresentou as taxas médias pesquisadas pela Anbima, os fundos de investimentos são divididos em categorias que representam o perfil de aplicação e a classe de risco. Veja a seguir alguns tipos disponíveis no mercado:

- **Fundos de curto prazo:** sua carteira é formada por títulos indexados à CDI/Selic ou pré-fixados – desde que atrelados à CDI/Selic – ou por títulos do tesouro nacional. Além disso, tem prazo máximo a decorrer de 375 dias e prazo médio da carteira de no máximo 60 dias.

- **Fundos referenciados DI:** o objetivo dessa família de fundos é investir pelo menos 95% do valor de sua carteira em títulos que acompanhem as variações do CDI ou Selic, estando também sujeitos às oscilações decorrentes do ágio/deságio dos títulos em relação a esses parâmetros de referência.

- **Fundos de renda fixa:** no mínimo, 80% de sua carteira deve estar concentrada em títulos públicos federais pré-fixados e ativos com baixo risco de crédito. Excluem-se estratégias que impliquem exposição de moeda estrangeira ou de renda variável (ações, etc.).

- **Fundos de ações:** essencialmente de renda variável, são formados por carteira de ações ou títulos que usam o índice Ibovespa como meta referencial. Para possuir essa classificação, o patrimônio do fundo deve ter, pelo menos, 67% da carteira em ações e/ou cotas de fundos de ações.

- **Fundos multimercados:** chamados de variáveis, realizam operações em diversas classes de ativos tanto de renda fixa quanto de renda variável, tais como ações, debêntures, câmbio, derivativos, etc. Nessa família de fundos os administradores devem possuir políticas de investimento que envolvam fatores de risco, porém sem concentração, com base em cenários de médio e longo prazos.

5. FUNDAMENTOS DE CÁLCULOS FINANCEIROS

Matemática financeira

A matemática financeira é uma área da matemática que aplica seus conceitos no estudo da variação do dinheiro ao longo do tempo. Ou seja, ela parte do princípio de que determinada quantia de dinheiro terá um valor financeiro diferente hoje e em uma data futura, podendo haver valorização ou desvalorização. Por isso, é a base para a administração consciente de nossas finanças, seja em nossa vida pessoal, seja na tesouraria de uma empresa.

O conhecimento de alguns conceitos básicos da matemática financeira nos auxilia a tomar melhores decisões em várias situações do cotidiano – por exemplo, quando realizamos empréstimos e financiamentos, compras a prazo, negociações de desconto para compras à vista, aplicações financeiras, investimentos em bolsas de valores, cobranças de juros sobre dívidas em atraso, entre outras inúmeras situações. Em todas elas, você perceberá que o juro está presente.

Mas por que se cobra juros? Todas as movimentações financeiras têm como base a estipulação prévia de taxas de juros, as quais – conforme vimos no capítulo "Economia: PIB, inflação e taxas de juros" – são a remuneração que o tomador de um empréstimo deve pagar ao proprietário do capital emprestado. Ou seja, juro é uma espécie de "aluguel do dinheiro" durante o tempo que durar a operação. Ao realizar um empréstimo, a forma de pagamento será por meio de prestações mensais acrescidas de juros, portanto, o valor de quitação do empréstimo é superior ao seu valor inicial. A essa diferença dá-se o nome de juros.

Imagine uma cena (se é que você já não a viu acontecer): um amigo, sabendo que você está com dinheiro, lhe pede um empréstimo de R$ 100,00. Nesse momento, se você emprestar esse dinheiro, consequentemente estará abrindo mão de guardá-lo em uma caderneta de poupança, de adquirir um bem material ou até mesmo de consumir alguma coisa. Essa transferência do seu dinheiro para um terceiro por um período de tempo gera em você uma expectativa de receber algo a mais que os R$ 100,00, para compensar essa transferência – os juros. No caso, você deseja receber R$ 110,00, havendo do então R$ 10,00 de juros.

Ao cobrar um valor certo de juros por esse empréstimo, você vai levar em conta questões como: quanto estou deixando de ganhar aplicando este dinheiro? Quanto está a inflação? Qual a taxa que os bancos cobram? Qual o risco de eu não receber esse empréstimo de volta?

Bom, então você cobrou um determinado valor de juros e a outra parte concordou. Não está faltando algo mais? Ah, sim, vocês se esqueceram de combinar o **prazo** em que o empréstimo será devolvido, pois, se esse item não for estipulado, seu amigo pode entender que deve pagar "algum dia", e aí dificilmente você verá esse dinheiro novamente. Sim, conforme já foi citado, o tempo é uma variável-chave da matemática financeira. Então combine com ele o prazo de um ano para o pagamento, que é uma remuneração condizente com o prazo, a inflação e os riscos.

Regime de capitalização dos juros

O processo de incorporação dos juros ao capital a cada período transcorrido é denominado regime de capitalização. Nos cálculos financeiros, trabalhe com o regime de capitalização por juros simples ou compostos. No primeiro caso – juros simples –, a capitalização da taxa de juros incide somente sobre o principal, sem considerar a periodicidade da taxa e sim o prazo final da operação. Seu cálculo, como verá em breve, é simples, como o próprio nome diz.

Já no caso dos juros compostos, o cálculo é um pouco mais complexo, uma vez que a capitalização da taxa de juros se dá de forma cumulativa. Ou seja, os juros auferidos sobre o principal no período anterior são incorporados ao valor do principal do novo período para incidência de novos juros. Dessa forma, os juros do período seguinte vão incidir sobre o montante corrigido pelos juros dos períodos anteriores. É o popular "juros sobre juros" – a forma mais comum no mercado financeiro.

Para a aplicação desses conceitos e a realização dos cálculos financeiros é preciso conhecer algumas siglas e expressões muito utilizadas na matemática financeira, as quais irão nos acompanhar na trajetória profissional, principalmente na tesouraria:

- **Principal (P), Valor Presente (VP) ou Valor Nominal (VN):** é o valor inicialmente investido em uma aplicação ou captado em um empréstimo. Dá-se também o nome de valor presente (VP) por ser o valor no momento inicial da operação, o qual já se sabe que não será o mesmo no futuro.

- **Montante (M) ou Valor Futuro (VF):** é o valor apurado no final do período da operação. Ou seja, se aplicarmos um valor por um período de tempo, receberemos no final o valor do investimento acrescido dos juros. A isto chamamos de valor futuro ou montante.

- **Prazo ou período de tempo (n):** representa o período de tempo decorrido entre o início e o fim de um investimento ou de um empréstimo.

- **Taxa de juros (i):** representa a remuneração do capital empregado, a rentabilidade ou o percentual que uma pessoa deseja receber ou pagar pelo recurso investido ou emprestado, em um determinado período de tempo (n). É atrelada a uma medida de tempo: ao dia (a.d.), ao mês (a.m.), ao trimestre (a.t.) ou ao ano (a.a.). Mas lembre-se de que nas fórmulas a taxa será utilizada na forma de fração decimal; por exemplo, uma taxa de juros de 2% será inserida como 0,02. Basta dividir 2 por 100.

- **Valor de juros (J):** representa o valor de juros pagos ou recebidos em determinada operação. É a diferença entre o que uma empresa investiu ou emprestou e o que irá receber ou pagar, ou então a aplicação da taxa de juros sobre o capital empregado.

- **Valor da prestação (PMT):** é o valor da parcela ou da prestação que uma empresa paga ou recebe ao adquirir ou vender um bem de forma parcelada. O termo PMT vem do inglês *periodic payment,* que aparece em algumas calculadoras financeiras, como na HP 12C. Nessa situação, a pessoa ou empresa fará o investimento ou pagará sua dívida de forma parcelada.

- **Taxa de desconto (d):** semelhante ao conceito de taxa de juros (i), a taxa de desconto é o custo de uma operação quando a pessoa ou empresa deseja receber ou pagar antecipadamente um valor que possui um vencimento futuro.

- **Valor do desconto (D):** é o valor descontado sobre determinado título de crédito. Esta operação é muito usual em bancos e na relação entre fornecedor e cliente.

- **Valor Atual (VA):** valor a ser pago ou recebido em data anterior ao vencimento, mediante aplicação de desconto.

Juros simples

O regime de capitalização por juros simples é muito utilizado em países com baixo índice de inflação e custo real do dinheiro relativamente baixo. Contudo, não é recomendável para países com taxas de juros elevadas, como é o caso do Brasil, para o qual ele só é indicado em operações de curtíssimo prazo. Portanto, só é utilizado em cálculos de juros do cheque especial, operações de um dia – como o *hot money* – e no desconto de recebíveis (cheques pré-datados, duplicatas, cartões, etc.). Mas é uma boa forma de iniciar a compreensão da matemática financeira.

Utilize esses conceitos no exemplo dos R$ 100,00 que você emprestou para um amigo. Relembrando que o valor emprestado foi de R$ 100,00, a taxa de juros combinada foi de 10% a.a. e o empréstimo foi por um ano. Vamos utilizar a fórmula de juros simples que consta na tabela abaixo:

TABELA 1 – FÓRMULAS PARA CÁLCULO DE JUROS SIMPLES	
Montante (M) ou valor futuro (VF)	$VF = VP \times (1 + i \times n)$
Valor de juros (J)	$J = VP \times (i \times n)$
Principal (P) ou valor presente (VP)	$VP = \dfrac{VF}{(1 + i \times n)}$

Aplicando a fórmula, calcule o valor futuro capitalizado em juros simples da seguinte maneira:

- VF = VP × (1 + i × n)
- VF = R$ 100,00 × (1 + 0,10 × 1)
- VF = R$ 100,00 × 1,10
- VF = R$ 110,00, com juros de R$ 10,00

Portanto, o valor futuro – montante que inclui o valor principal mais os juros – a ser recebido após um ano é de R$ 110,00. Por dedução, o valor dos juros foi R$ 10,00 (R$ 110,00 menos R$ 100,00). Note que a taxa de juros (ao ano) está equivalente ao seu período de tempo (1 ano). Sempre estes 2 itens, taxa de juros e período de tempo, devem estar na mesma base. Mas se você quiser calcular o valor de juros pela fórmula, veja como fica:

- J = VP × (i × n)
- J = R$ 100,00 × (0,10 × 1)
- J = R$ 100,00 × 0,10
- J = R$ 10,00

Você deve ter percebido que no cálculo de juros simples utiliza-se o regime de capitalização simples, em que o valor de juros é sempre capitalizado apenas sobre o valor principal, sem considerar o juro do período anterior.

Outro exemplo: um cliente aplicou R$ 1.000,00 no banco por 3 meses e o gerente lhe ofereceu uma rentabilidade de 2% ao mês. Quanto ele vai receber no final se forem juros simples?

- VF = VP × (1 + i × n)
- VF = R$ 1.000,00 × (1 + 0,02 × 3)
- VF = R$ 1.000,00 × 1,06
- VF = R$ 1.060,00, inclusos R$ 60,00 de juros

Fácil, não?

Caso o seu amigo do primeiro exemplo resolva quitar a dívida antes do vencimento, pois ele recebeu um dinheiro extra na empresa, talvez ele peça que você lhe dê um desconto pela antecipação. Embora já estivesse combinado que o montante seria de R$ 110,00, obviamente vale a regra de que o dinheiro não mantém o mesmo valor ao longo do tempo; por isso, você resolve dar um desconto de 4%. O mais lógico seria um desconto de 5%, por se tratar da metade do tempo combinado, mas você é um bom negociador e resolveu ter um ganho maior.

Nesse caso, utilize uma operação de desconto comercial. Da mesma forma que há juros simples e compostos, há também os descontos simples e compostos. Por enquanto, vamos tratar do desconto simples. Veja as fórmulas na tabela a seguir:

TABELA 2 – FÓRMULAS PARA CÁLCULO DE DESCONTO COMERCIAL SIMPLES	
Valor atual (VA)	$VA = P \times (1 - d \times n)$
Valor do desconto (D)	$D = P \times (d \times n)$

Aplicando a fórmula para cálculo do valor atual – montante deduzido de um desconto –, temos a seguinte equação:

- VA = P × (1 – d × n)
- VA = R$ 110,00 × (1 – 0,03 × 1)
- VA = R$ 110,00 × 0,97
- VA = R$ 106,70, com um desconto de R$ 3,30

Assim, descobre-se que o valor atual em função da aplicação de um desconto simples de 4% é de R$ 106,70. Por dedução, o valor do desconto foi de R$ 3,30 (R$ 110,00 - R$ 106,70).

Em outro exemplo, a empresa XKW tem uma duplicata de R$ 2.000,00 que vai vencer daqui a 30 dias. A questão é que a tesouraria precisa de recursos, hoje, para pagar o aluguel e pediu ao banco para calcular quanto fica para descontar esse título. O banco cobrou uma taxa de 3% ao mês. Quanto a empresa vai receber? Faça o cálculo com desconto comercial simples:

- VA = P × (1 – d × n)
- VA = R$ 2.000,00 × (1 – 0,03 × 1)
- VA = R$ 2.000,00 × 0,97
- VA = R$ 1.940,00, com desconto de R$ 60,00

Veja, nos exemplos, que para apurar os valores de juros é preciso conhecer as fórmulas. Algumas calculadoras, como a HP12C, possuem teclas e atalhos disponíveis para apurarmos diretamente os valores das operações. Nas demais calculadoras, também há a possibilidade de calcular, porém, necessita-se do apoio das fórmulas.

Juros compostos

Nos cálculos de juros compostos, aplica-se o regime de capitalização composta, no qual os juros capitalizados de um primeiro período são somados ao capital e passam a render juros acumulados no segundo período. Você perceberá que a única mudança na fórmula é a variável tempo (n), que passa a ser uma potência na fórmula. Veja:

TABELA 3 – FÓRMULAS PARA CÁLCULO DE JUROS COMPOSTOS	
Valor futuro (VF)	$VF = VP \times (1 + i)^n$
Valor presente (VP)	$VP = \dfrac{VF}{(1 + i)^n}$
Taxa de juros (i)	$i = \left(\dfrac{VF}{VP} - 1\right) \times \left(\dfrac{1}{n}\right)$
Valor de juros (J)	$J = VP \times \{(1 + i)^n - 1\}$
Taxa equivalente maior (iM)	$iM = (1 + im)^n - 1$
Taxa equivalente menor (im)	$im = (1 + iM)^{1/n} - 1$

No Brasil este é o método mais utilizado em operações financeiras, principalmente nas aplicações financeiras (poupança, CDB, etc.) e nas operações de empréstimos e financiamentos.

Usando o exemplo da aplicação financeira de R$ 1.000,00 por 3 meses com taxa mensal de 2%, vamos calcular o valor futuro, capitalizando em juros compostos. Aplique a fórmula para o cálculo do valor futuro:

- VF = VP × (1 + i)^n
- VF = R$ 1.000,00 × (1 + 0,02)^3
- VF = R$ 1.000,00 × (1,02)^3
- VF = R$ 1.000,00 × 1,06121
- VF = R$ 1.061,21, inclusos R$ 61,21 de juros

Quando o cálculo é efetuado por juros simples, o resultado é de R$ 1.060,00. Ou seja, com juros compostos há uma remuneração adicional de R$ 1,21 por conta da capitalização "juros sobre juros". No regime de capitalização composta sempre há um rendimento melhor que no regime de capitalização simples, por isso ele é amplamente utilizado nos investimentos e nos empréstimos.

Agora vamos utilizar a fórmula para cálculo do valor presente em juros compostos. Imagine que daqui a 7 meses sua empresa precisará pagar uma dívida de R$ 1.000,00. Como atualmente há folga de caixa, seu chefe decidiu colocar o valor em uma aplicação financeira que rende 1% ao mês para sacá-lo apenas no vencimento. Assim teria um rendimento sobre o valor. Quanto deve ser o valor da aplicação?

- $VP = \dfrac{VF}{(1+i)^n}$
- $VP = \dfrac{R\$\ 1.000,00}{(1+0,01)^7}$
- $VP = \dfrac{R\$\ 1.000,00}{(1,01)^7}$
- $VP = \dfrac{R\$\ 1.000,00}{1,07214}$
- VP = R$ 932,72

Será necessário fazer hoje uma aplicação de R$ 932,72 para ter R$ 1.000,00 daqui a 7 meses. Para ter certeza, faça o cálculo reverso. Veja:

- $VF = VP \times (1+i)^n$
- $VF = R\$\ 932,72 \times (1+0,01)^7$
- $VF = R\$\ 932,72 \times (1,01)^7$
- VF = R$ 932,72 × 1,07214
- VF = R$ 1.000,00

Taxas equivalentes

Neste momento, o banco lhe avisou que tem uma nova linha de crédito com taxa de juros de 26,82% a.a. Porém, você deseja saber quanto será a taxa de juros mensal. Para isso, será necessário calcular a taxa equivalente mensal, ou seja, as taxas que, quando aplicadas ao mesmo capital em um mesmo intervalo de tempo, produzem montantes iguais. Como está trabalhando com juros compostos e já sabe qual a taxa equivalente maior (iM), mas quer calcular a taxa equivalente menor (im), utilizará a seguinte fórmula:

- im = $(1 + iM)^{1/n} - 1$
- im = $(1 + 0{,}2682)^{1/12} - 1$
- im = $(1{,}2682)^{1/12} - 1$
- im = $(1{,}2682)^{0{,}08333} - 1$
- im = $1{,}02 - 1$
- im = $0{,}02$, ou seja, 2% ao mês

Assim, poderá dizer que 2% ao mês é a taxa equivalente a 26,82% ao ano. Se aplicar R$ 100,00 por um ano a uma taxa mensal de 2% a.m., ou então a uma taxa anual de 26,82%, obterá R$ 126,82. Confira abaixo:

- VF = VP × $(1 + i)^n$
- VF = R$ 100,00 × $(1+0{,}02)^{12}$
- VF = R$ 100,00 × $(1{,}02)^{12}$
- VF = R$ 100,00 × 1,2682
- VF = R$ 126,82

O mesmo pode ocorrer quanto você sabe a taxa mensal – taxa equivalente menor (im) –, mas quer calcular a taxa anual – taxa equivalente maior (iM). Basta utilizar a fórmula adequada. Veja no caso dos 2% a.m.:

- iM = $(1 + im)^n - 1$
- iM = $(1 + 0{,}02)^{12} - 1$
- iM = $(1{,}02)^{12} - 1$
- iM = $1{,}2682 - 1$
- iM = $0{,}2682$, ou seja, 26,82% a.a.

As pessoas que não conhecem a matemática financeira poderiam pensar que a taxa anual nesse caso seria calculada na forma de juros simples: 2% × 12 = 24% ao ano. Como foi visto, esse tipo de cálculo não procede, pois a taxa anual foi calculada de forma correta e corresponde a 26,82% ao ano. Essa variação ocorre porque temos de levar em conta o andamento dos juros compostos (juros sobre juros). Não vá cometer o mesmo erro. Se lhe foi informada a taxa mensal de juros, calcule o equivalente da taxa anual ou dentro do período estabelecido – trimestre, semestre, etc.

6. ADMINISTRAÇÃO DO FLUXO DE CAIXA

Fluxo de caixa e disponibilidades financeiras

▸ Figura 14 – A (des)organização da tesouraria da empresa Ki Bagunça Utensílios Domésticos Ltda.

Lucy passou em uma entrevista e foi contratada para o cargo de auxiliar de tesouraria na empresa Ki Bagunça Utensílios Domésticos Ltda. Os talões de cheque, de vários bancos, ficavam sobre a mesa de sua chefe. A chefe saía toda hora da sala para falar com o dono... e lá ficavam os talões.

Mais tarde, a chefe mostrou a Lucy uma caixa de papelão na qual ficava um montante em dinheiro. A chefe explicou para a auxiliar que aquilo servia para "tapear" o ladrão em caso de roubo. Um momento depois apareceu o dono e pediu "algum dinheiro" para almoçar com um cliente. A chefe foi direto àquela caixa, pegou algumas notas de lá e as entregou ao dono. Não anotou nada.

Você acha válido o sistema de trabalho adotado pela chefe da Lucy? Por quê? Você costuma anotar os gastos que faz em seu dia a dia? Em uma empresa, como o controle dos gastos pode ser feito? Onde fica o dinheiro?

Conforme foi visto no capítulo "Organização da tesouraria", a função básica de uma tesouraria é gerir o fluxo dos recursos financeiros de uma organização e salvaguardar seus ativos financeiros – seu tesouro. Esse fluxo de entrada e saída de recursos decorre dos processos de contas a receber e contas a pagar, que formam o núcleo da tesouraria das organizações. Para cumprir essa função, é preciso estabelecer um sistema de trabalho que seja eficiente, racional e seguro. Então, já percebeu que a Lucy precisará auxiliar a sua chefe a organizar a tesouraria da Ki Bagunça.

O **fluxo de caixa** é o movimento de entradas e saídas de recursos financeiros – dinheiro – de uma organização em um determinado período de tempo – normalmente diário. Embora seja utilizado o termo genérico "caixa", na verdade ele abrange o conjunto de disponibilidades financeiras representado pelo dinheiro que está no caixa dentro da empresa – cofres, gavetas, etc. –, em conta corrente bancária e nas aplicações financeiras de curto prazo.

Da mesma forma, quando se fala de **disponibilidades financeiras**, refere-se ao saldo de dinheiro, resultado das movimentações de entrada e de saída. Ou seja, o que havia no início do período, mais o que entrou de dinheiro, menos o que saiu. Em princípio, é simples, como se fosse o dinheiro que está em sua carteira, ou em sua conta corrente bancária. Contudo, neste livro, o termo "caixa" se refere apenas ao caixa e à conta corrente bancária.

Mas, para que a administração do fluxo de caixa tenha utilidade e relevância para a gestão das organizações, a tesouraria precisa registrar toda a movimentação financeira e elaborar relatórios que sejam compreensíveis pelos gestores. Conforme será visto adiante, o fluxo de entradas de caixa geralmente representa o recebimento das vendas, e o fluxo de saídas de caixa em geral representa o pagamento dos gastos realizados.

Falando das disponibilidades da empresa Ki Bagunça, será que é uma boa estratégia mantê-las em uma caixa de papelão, como faz a chefe da Lucy? Certamente não. Os recursos financeiros de uma empresa ou organização formal costumam estar depositados em uma conta corrente bancária, tanto por questão de segurança quanto de praticidade na realização de pagamentos que sejam feitos por cheque ou por meios eletrônicos (boleto, TED, DOC, etc.). Além disso, com um bom planejamento do fluxo de caixa é possível realizar aplicações financeiras dos recursos excedentes – não utilizados –, para obter um rendimento (receita de juros).

Já passou o tempo em que vultosas quantias eram guardadas no cofre da empresa, chamariz de ladrões e pessoas mal-intencionadas. Os bancos, entre outras atribuições, têm como função a guarda do dinheiro, provendo segurança para seus clientes. Para isso, desenvolvem e oferecem um aparato de segurança. Havendo necessidade de sacar recursos ou realizar pagamentos, basta utilizar os meios disponíveis. Nas agências bancárias, os recursos depositados pelos clientes são mantidos em um cofre de grandes dimensões, sob a responsabilidade da tesouraria da agência. Por conta disso, dispõem de um aparato de segurança, composto por exemplo por vigilantes, câmeras de segurança, horários predefinidos para abertura do cofre, entre outros.

Porém, na maioria das vezes é necessário manter na tesouraria, ou disponível em alguns setores da empresa, certa quantia em dinheiro para pagamento de pequenas despesas do dia a dia e compras de emergência, tais como papel da impressora, material de limpeza, copos descartáveis, etc. Esse valor é chamado popularmente de "caixinha" ou "fundo fixo de caixa". É uma forma de agilizar as atividades e de não precisar ficar abrindo o cofre a todo o momento para retirar algum dinheiro. Seu valor depende da necessidade da empresa, podendo ser de R$ 200,00 ou R$ 1.000,00, conforme o histórico de pagamentos. Mas lembre-se, sempre devem ser pequenos valores.

Há também situações em que a organização possui lojas, e por isso existe a necessidade de manter diariamente dinheiro disponível nos caixas dos estabelecimentos para troco, e também os valores das vendas que foram recebidas em dinheiro. Com isso, quando um superior aparece no caixa de um hipermercado e solicita ao empregado para "fechar o caixa", é exatamente para conferir tudo que entrou e saiu dele.

Algumas organizações fazem entregas ao cliente e dele já recebem o pagamento: às vezes, em dinheiro; outras, em cheque, cheques pré-datados, nas maquinetas de cartão de crédito ou também por duplicatas. Nesses casos, os recursos são entregues na tesouraria, que cuida de conferi-los e guardá-los. Normalmente, o excedente de caixa de um dia é depositado no banco no dia seguinte. Em muitos casos, quando a quantia de dinheiro é muito elevada, pode ser conveniente recorrer ao uso de empresas de transporte de valores – carro forte. Há um custo, obviamente, mas tende a ser prudente, considerando o risco de assaltos.

Apesar da ampla utilização da internet para a realização de pagamentos, além dos caixas eletrônicos bancários, agências em casas lotéricas e correspondentes bancários, muitas organizações ainda utilizam folhas de cheque para realizar seus pagamentos do dia a dia. Vale observar que cada vez mais os bancos desestimulam essa forma de pagamento para simplificar os trabalhos de compensação bancária. Mas, como ainda é um meio muito utilizado, caberá à tesouraria o controle e a guarda dos talões de cheque em branco. E eles demandam um controle tão rigoroso quanto o do dinheiro, uma vez que, em poder de alguém, o cheque pode ser convertido em dinheiro.

Inúmeros são os casos em que alguém furta uma folha do talão de cheque e falsifica a assinatura do emitente para ter acesso ao dinheiro na conta corrente. Se o furto for do talão completo, certamente poderá ser notado pela tesouraria a tempo de ser realizada a sustação dos cheques. Porém, em muitos casos o furto ocorre por alguém da própria empresa que, para não levantar suspeita, retira apenas uma folha do meio do talão de cheques. Assim, a pessoa terá tempo de realizar a "operação" de saque ou depósito.

Uma das medidas de segurança para mitigar o risco de uso alheio das folhas de cheques nas empresas e organizações formais é a adoção de assinatura por duas pessoas – dois emitentes. No caso, pode ser a assinatura de dois sócios, ou então a assinatura de procuradores. O procedimento vale também para a realização de pagamentos eletrônicos, sendo uma forma de garantir que o acesso ao dinheiro – pagamento, transferência, saque, etc. – foi feito por consenso dos proprietários da empresa ou mandatários da organização. Mas é claro que alguém que falsifica uma assinatura não terá muitas dificuldades para falsificar duas...

Enfim, é necessário que a tesouraria organize, controle e confira esses recursos diariamente, pois se a empresa está desorganizada feito a Ki Bagunça, corre o risco de haver alguma diferença no caixa, nos cheques ou nos talões. Ter um clima de desconfiança entre a equipe é muito ruim no ambiente corporativo.

Planejamento do fluxo de caixa

▸ Figura 15 – Planejamento de sonhos, desejos e metas

Comprar um carro novo... se casar... passar as férias em um *resort*... possuir uma casa própria... se formar na faculdade. Como fazer para realizar os desejos mostrados nesses desenhos?

Quais seriam os itens que se deve observar antes de tomar uma decisão? Mesmo tendo planejado o suficiente, existem riscos? Quais seriam? Você imagina como esse processo de planejamento se aplicaria em seu dia a dia na tesouraria de uma empresa?

Planejar o futuro auxilia muito na diminuição dos riscos e das incertezas que podem ocorrer em nossa jornada. Em qualquer área da vida, sempre haverá a variável "risco" nos acompanhando. O que se faz com o planejamento é minimizar o risco e direcionar nossas ações no rumo certo para atingir nossas metas. Toda organização possui metas e objetivos para sua continuidade. Por que se definem objetivos e metas? Não podemos pensar apenas que os sócios somente desejam obter lucro. As empresas – assim como as demais organizações – também têm uma função social. Há empregos em jogo, famílias indiretamente envolvidas que dependem financeiramente da organização, com contas para pagar todos os meses (e não são poucas).

Os objetivos e as metas são uma bússola para toda organização seguir, direcionando os esforços e recursos para sua realização. Você sabe a diferença entre meta e objetivo? Segundo Chiavenato (2014, p. 256), "objetivos são os resultados futuros que se pretende atingir enquanto as metas são os alvos a atingir no curto prazo".

Os objetivos estabelecidos orientam o desempenho organizacional e das partes envolvidas, além de considerar a continuidade do negócio ao longo do tempo. Por isso, em geral, são de longo prazo.

As metas são de curto prazo – por exemplo, a produção mensal, a venda mensal, a cobrança diária de devedores, a redução de custos, etc. Espera-se que as metas estejam em consonância com os objetivos e contribuam para que eles sejam atingidos.

Por isso, podemos dizer que o objetivo é algo além da meta. Gera mais esforço, mais transpiração, mais planejamento, mais controles, porém, obtém resultados mais eficazes.

Só que todos os objetivos pessoais e os das organizações envolvem um sacrifício no presente para aquisição de algo melhor no futuro. Várias situações envolvem dinheiro e, para dominar esse assunto, assim como uma família faz um orçamento mensal, a organização também se prepara, por meio de um fluxo de caixa. Dessa forma, a tesouraria exerce um papel essencial para que a organização possa atingir suas metas e realizar seus objetivos. Enquanto a contabilidade vai retratar tudo o que aconteceu no passado da empresa, a tesouraria deve prepará-la para o futuro, sempre amparando toda a organização com informações financeiras para a tomada de decisões.

Mas para isso é necessário elaborar o planejamento, que é a primeira das funções administrativas (planejar, organizar, dirigir e controlar), conforme vimos no capítulo "Organização das empresas". A primeira etapa do planejamento é definir claramente quais são os objetivos a serem atingidos e o que se deve fazer para alcançá-los. Por isso, o planejamento é sempre voltado para o futuro, sendo uma técnica de alocação de recursos para o atingimento das metas e objetivos.

Nesse sentido, quando se fala em administração do fluxo de caixa – ou gestão do fluxo de caixa –, pressupõem-se as funções administrativas de planejamento de caixa, organização do caixa, direção do caixa e controle de caixa.

Conheça agora o planejamento de caixa, que consiste em estimar e projetar o fluxo futuro de entradas e saídas de caixa, bem como a evolução dos saldos ao longo de um determinado período – diário, semanal, quinzenal, mensal, semestral, anual. Algumas vezes poderá ouvir também o termo "orçamento de caixa", que tem o mesmo sentido. A partir dele é possível programar a captação de recursos financeiros e a otimização das aplicações de sobras de caixa.

Para facilitar a compreensão, faça o planejamento de caixa de sua casa – o orçamento doméstico. A primeira etapa da família é saber quanto possui de renda familiar (renda dos cônjuges, filhos que trabalham e contribuem em casa, aluguéis, etc.). Essa renda é chamada de renda familiar ou receitas, que representará as entradas de caixa. É importante saber as datas em que essas receitas serão recebidas.

O passo seguinte da família é listar todas as despesas da casa: luz, telefone, água, impostos, educação, transporte, supermercado, etc. Não se esqueça de estimar o quanto se gasta com aqueles desejos que foram citados anteriormente – comprar um carro novo, passar as férias em um *resort*, etc. – e também anotar as datas de vencimento dessas contas. Esses itens comporão as saídas de caixa.

Por fim, calcula-se o saldo final de caixa, a partir do qual é possível que a família perceba se há disponibilidade de recursos ao final de cada período. Quando se faz o fluxo de caixa familiar, este pode ser elaborado tanto diária como mensalmente, e depois até de forma trimestral e anual. O fluxo de caixa diário vai permitir que a família perceba se as contas estão adequadas às datas em que há disponibilidade de recursos para pagá-las sem utilizar financiamento (cheque especial, cartões de crédito, etc.).

Ao final de cada período, uma família, então, vai trabalhar com duas situações: o fluxo de caixa previsto (planejamento) e o realizado (o que realmente aconteceu), pois podem ocorrer situações emergenciais que não estavam previstas. Veja no quadro 9 um exemplo de planejamento de fluxo de caixa familiar.

QUADRO 9 – PLANEJAMENTO DO FLUXO DE CAIXA FAMILIAR

	JAN.	FEV.	MAR.	ABR.	MAI.	JUN.	JUL.	AGO.	SET.	OUT.	NOV.	DEZ.	TOTAL
Saldo inicial	3.000	3.150	2.170	3.690	4.210	5.130	8.650	6.350	7.270	8.090	8.910	6.830	3.000
Salários	5.000	5.000	-	5.000	5.000	5.000	5.000	5.000	5.000	5.000	5.000	5.000	55.000
13º salário	-	-	-	-	-	2.800	-	-	-	-	-	2.200	5.000
Férias	-	-	5.850	-	-	-	-	-	-	-	-	-	5.850
Renda familiar	5.000	5.000	5.850	5.000	5.000	7.800	5.000	5.000	5.000	5.000	5.000	7.200	65.850
Aluguel	500	500	500	500	500	500	500	500	500	500	500	500	6.000
Água / luz / telefone	400	450	400	500	400	600	300	300	400	500	400	600	5.250
IPTU	600	-	-	-	-	-	-	-	-	-	-	-	600
Escola	300	450	300	300	300	300	300	300	300	300	300	300	3.750
Transporte	200	280	280	280	280	280	200	280	280	280	280	200	3.120
Manutenção	150	-	200	300	-	-	400	-	-	-	500	-	1.550
Supermercado	600	600	600	600	600	600	600	600	600	600	600	800	7.400
Diversão	200	300	150	100	100	100	600	200	200	100	100	1.000	3.150
Empregada	1.000	1.000	1.000	1.000	1.000	1.000	1.000	1.000	1.000	1.000	1.000	1.000	12.000
Viagens	-	1.500	-	-	-	-	2.500	-	-	-	3.000	-	7.000
Outros	900	900	900	900	900	900	900	900	900	900	900	900	10.800
Gastos da família	4.850	5.980	4.330	4.480	4.080	4.280	7.300	4.080	4.180	4.180	7.080	5.800	60.620
Saldo final	3.150	2.170	3.690	4.210	5.130	8.650	6.350	7.270	8.090	8.910	6.830	8.230	8.230

E o fluxo de caixa na tesouraria de uma organização? De maneira semelhante àquela que ocorre em uma família, uma empresa planeja sua meta de receitas de acordo com as estimativas de vendas para o período, levando em consideração os dados históricos de anos anteriores, as sazonalidades mensais, as condições da economia – crescimento, recessão – e os possíveis ganhos com as ações de marketing – aumento de *market share*. Como as empresas vendem seus produtos tanto à vista como a prazo, assim já está sendo feita uma projeção do fluxo de contas a receber. Além disso, considere as demais entradas de caixa, como resgate e juros de aplicações financeiras, captação de empréstimos, receita de venda de bens de capital, etc.

Em seguida, estimam-se todas as necessidades de pagamentos e saídas de caixa para honrar os seus compromissos e os gastos operacionais, tais como: folha de pagamento e encargos sociais, contas de água e energia, fornecedores de produtos, propaganda, tributos, material de consumo, etc. Trata-se das estimativas de fluxo das contas a pagar. Do mesmo modo, são considerados os demais desembolsos de caixa, como o pagamento de empréstimos e juros, os investimentos em aquisição de bens de capital – máquinas, equipamentos, prédios, veículos, etc. – e também as aplicações financeiras dos recursos excedentes.

O resultado desse fluxo de entradas e saídas de caixa será o saldo final de disponibilidades. No quadro 10 é possível visualizar o planejamento de fluxo de caixa de uma empresa.

Veja que a empresa começará o mês de janeiro com um saldo de R$ 2.500, porém, após as entradas (R$ 7.000) e as saídas de caixa (R$ 8.930) seu saldo final diminuirá para R$ 570. Talvez fosse o caso de destinar essa disponibilidade para uma aplicação financeira, rendendo juros. Já no mês de fevereiro, pelo fato de as saídas de caixa (R$ 7.354) serem bem superiores às entradas (R$ 4.702) e ao saldo inicial, estima-se que a empresa terminará o mês com um saldo negativo de R$ 2.082. Ou seja, ela precisará decidir qual será a fonte de recurso financeiro para cobrir o déficit. Avaliará, então, se é melhor captar um empréstimo ou resgatar alguma aplicação financeira, se houver.

Essa é a grande vantagem do planejamento. A empresa saberá antecipadamente qual a sobra ou a escassez de recursos, a tempo de tomar as decisões sobre como sanar o problema. Caso contrário, correrá o risco de não conseguir honrar seus compromissos, atrasando salários ou pagamentos de fornecedores e demais credores.

QUADRO 10 – PLANEJAMENTO DO FLUXO DE CAIXA EMPRESARIAL – PRÉVIO

	JAN.	FEV.	MAR.	ABR.	MAI.	JUN.	JUL.	AGO.	SET.	OUT.	NOV.	DEZ.	TOTAL
Saldo inicial	2.500	570	(2.082)	(7.873)	(9.962)	(11.982)	(19.207)	(21.894)	(26.364)	(32.270)	(36.960)	(40.988)	2.500
Vendas à vista	800	200	600	900	700	800	800	300	300	200	1.000	800	7.400
Vendas a prazo	6.000	4.300	5.100	6.800	6.600	6.600	6.500	4.800	4.900	4.600	8.000	7.600	71.800
Juros de aplicações	200	202	205	207	209	211	213	215	217	219	221	224	2.543
Resgate de aplicações	–	–	–	–	–	–	–	–	–	–	–	–	–
Captação de empréstimos	–	–	–	–	–	–	–	–	–	–	–	–	–
Renda da empresa	7.000	4.702	5.905	7.907	7.509	7.611	7.513	5.315	5.417	5.019	9.221	8.624	81.743
Salários + encargos	1.500	1.400	1.500	1.450	1.600	1.400	1.500	1.800	1.500	1.500	2.400	2.600	20.150
Água / luz / comunic.	200	250	280	280	280	280	200	280	280	280	280	200	3.090
Tributos	1.200	860	1.020	1.360	1.320	1.320	1.300	960	980	920	1.600	1.520	14.360
Fornecedores	2.400	1.720	2.040	2.720	2.640	2.640	2.600	1.920	1.960	1.840	3.200	3.040	28.720
Propaganda	180	130	160	200	200	200	190	150	150	140	240	230	2.170
Manutenção de instalações	250	200	240	300	200	180	240	120	140	400	200	400	2.870
Serviços de terceiros	400	350	600	400	400	500	400	400	300	400	400	600	5.150
Material de consumo	200	300	150	400	100	100	600	300	200	100	100	400	2.950
Pagto. de empréstimos	1.000	1.120	1.255	1.405	1.574	1.763	1.975	2.212	2.477	2.774	3.107	3.480	24.142
Juros s/ empréstimos	200	224	251	281	315	353	395	443	496	555	622	696	4.831
Aplicações financeiras	–	–	–	–	–	–	–	–	–	–	–	–	–
Compra de ativo fixo	–	–	3.000	–	–	5.000	–	–	1.940	–	–	–	9.940
Outros	1.400	800	1.200	1.200	900	1.100	800	1.200	900	800	1.100	1.400	12.800
Gastos da empresa	8.930	7.354	11.696	9.996	9.529	14.836	10.200	9.785	11.323	9.709	13.249	14.566	131.173
Saldo final	570	(2.082)	(7.873)	(9.962)	(11.982)	(19.207)	(21.894)	(26.364)	(32.270)	(36.960)	(40.988)	(46.930)	(46.930)

Após avaliar as possibilidades, será preciso refazer o planejamento, inserindo as decisões de aplicações do excedente – quando houver – e de captação para cobertura das necessidades de caixa. No quadro 11 é possível visualizar o planejamento ajustado.

Veja que agora não haverá mais saldos negativos de caixa durante o ano, nem excesso de disponibilidade. A empresa manterá um saldo médio de R$ 100 (margem de segurança), sendo o excedente aplicado e a escassez suprida por empréstimos. Isso fica evidenciado pela movimentação nos itens "resgate de aplicações", "captação de empréstimos" – nas entradas de caixa – e nos itens "pagamento de empréstimos" e "aplicações financeiras" – nas saídas de caixa.

Para isso, é necessário manter um controle também dos saldos de aplicações financeiras e de empréstimos – veja o planejamento do fluxo de aplicações financeiras no quadro 12.

A empresa começará o ano com um saldo inicial de R$ 20.000 em aplicações financeiras – poupança, CDB, fundo de renda fixa, etc. – e estima as possíveis movimentações durante o ano. Veja que a previsão é que só seja possível realizar aplicações no mês de janeiro (R$ 460), pois nos demais meses será necessário resgatar aplicações para cobrir as necessidades de caixa. Isso porque a decisão prevista é de reduzir as aplicações para evitar excesso de captação de empréstimos. Algo sensato, considerando que os juros recebidos nas aplicações são bem menores do que os pagos nos empréstimos. Contudo, a empresa terminará o ano com um saldo de apenas R$ 1.119. Talvez um patamar arriscado.

Por falar nisso, vamos ver como ficaram as previsões de empréstimos no quadro 13.

Pelas estimativas apresentadas, o saldo inicial de empréstimos é de R$ 10.000 e por conta das várias captações de empréstimo que ocorrerão durante o ano – R$ 15.300 –, a empresa terminará com um saldo de R$ 11.152. Isso porque o montante previsto de pagamentos de empréstimos será de R$ 13.706. Note que haverá um desembolso de R$ 2.746 para o pagamento dos juros financeiros. Se comparar com o planejamento de aplicações financeiras, você perceberá que o recebimento de juros será de R$ 1.419. Praticamente metade dos juros pagos. Pode ser que a empresa precise reavaliar suas decisões sobre as fontes de financiamento.

QUADRO 11 – PLANEJAMENTO DO FLUXO DE CAIXA EMPRESARIAL – AJUSTADO

	JAN.	FEV.	MAR.	ABR.	MAI	JUN.	JUL.	AGO.	SET.	OUT.	NOV.	DEZ.	TOTAL
Saldo inicial	2.500	110	63	88	97	79	105	82	60	63	88	60	2.500
Vendas à vista	800	200	600	900	700	800	800	300	300	200	1.000	800	7.400
Vendas a prazo	6.000	4.300	5.100	6.800	6.600	6.600	6.500	4.800	4.900	4.600	8.000	7.600	71.800
Juros de aplicações	200	207	209	156	140	124	107	91	58	42	42	43	1.419
Resgate de aplicações	-	-	5.500	1.800	1.680	1.900	1.680	3.350	1.700	-	-	3.150	20.760
Captação de empréstimos	-	2.600	-	-	-	5.000	-	-	3.000	3.000	1.700	-	15.300
Renda da empresa	7.000	7.307	11.409	9.656	9.120	14.424	9.087	8.541	9.958	7.842	10.742	11.593	116.679
Salários + encargos	1.500	1.400	1.500	1.450	1.600	1.400	1.500	1.800	1.500	1.500	2.400	2.600	20.150
Água / luz / comunic.	200	250	280	280	280	280	200	280	280	280	280	200	3.090
Tributos	1.200	860	1.020	1.360	1.320	1.320	1.300	960	980	920	1.600	1.520	14.360
Fornecedores	2.400	1.720	2.040	2.720	2.640	2.640	2.600	1.920	1.960	1.840	3.200	3.040	28.720
Propaganda	180	130	160	200	200	200	190	150	150	140	240	230	2.170
Manutenção de instalações	250	200	240	300	200	180	240	120	140	400	200	400	2.870
Serviços de terceiros	400	350	600	400	400	500	400	400	300	400	400	600	5.150
Material de consumo	200	300	150	400	100	100	600	300	200	100	100	400	2.950
Pagto. de empréstimos	1.000	1.120	995	1.114	1.248	1.398	1.066	1.194	1.337	1.197	1.041	996	13.706
Juros s/ empréstimos	200	224	199	223	250	280	214	239	268	240	209	200	2.746
Aplicações financeiras	460	-	-	-	-	-	-	-	-	-	-	-	460
Compra de ativo fixo	-	-	3.000	-	-	5.000	-	-	1.940	-	-	-	9.940
Outros	1.400	800	1.200	1.200	900	1.100	800	1.200	900	800	1.100	1.400	12.800
Gastos da empresa	9.390	7.354	11.384	9.647	9.138	14.398	9.110	8.563	9.955	7.817	10.770	11.586	119.112
Saldo final	110	63	88	97	79	105	82	60	63	88	60	67	67

ADMINISTRAÇÃO DO FLUXO DE CAIXA

QUADRO 12 – PLANEJAMENTO DO FLUXO DE APLICAÇÕES FINANCEIRAS

Saldo aplicado	20.000	20.660	20.867	15.576	13.932	12.392	10.616	9.043	5.784	4.142	4.184	4.226	20.000
Resgate				5.500	1.800	1.680	1.900	1.680	3.350	1.700			3.150	20.760
Aplicação	460	–	–	–	–	–	–	–	–	–	460
Juros	200	207	209	156	140	124	107	91	58	42	42	43	1.419
Saldo atualizado	20.660	20.867	15.576	13.932	12.392	10.616	9.043	5.784	4.142	4.184	4.226	1.119	1.119

QUADRO 13 – PREVISÕES DE EMPRÉSTIMOS

Saldo de empréstimos	10.000	11.200	9.944	11.138	12.475	13.973	10.651	11.931	13.364	11.969	10.406	9.956	10.000
Pagamento		2.600				5.000				3.000	1.700		15.300
Captação	1.000	1.120	995	1.114	1.248	1.398	1.066	1.194	1.337	1.197	1.041	996	13.706
Juros	200	224	199	223	250	280	214	239	268	240	209	200	2.746
Saldo atualizado	11.200	9.944	11.138	12.475	13.973	10.651	11.931	13.364	11.969	10.406	9.956	11.152	11.152

Você deve ter percebido, no modelo apresentado, que os valores foram agrupados em algumas rubricas, como em "vendas à vista", "vendas a prazo", "salários + encargos", etc. Essas rubricas são chamadas de "contas", as quais reúnem os lançamentos de entradas e saídas – ou débitos e créditos – relativos a operações de uma mesma natureza. Um bom exemplo de conta é a "conta corrente bancária". Quando você recebe o seu extrato bancário, é possível visualizar todos os lançamentos que ocorreram em determinado período, de forma organizada e com um nível de detalhamento que lhe permita compreender o que aconteceu. Se você tiver contas em vários bancos, receberá o extrato de cada uma delas.

Na tesouraria, é preciso efetuar lançamento e registro de todas as movimentações ocorridas em determinado período, e para que os gestores e demais usuários da informação possam compreender rapidamente o que aconteceu, utiliza-se um elenco de contas, chamado de **plano de contas da tesouraria**. Em muitos casos pode ser aproveitado o plano usado pela contabilidade para os registros contábeis.

Quando se elabora um plano de contas da tesouraria, duas regras são fundamentais: primeiro, o plano de contas precisa atender a necessidade de informação dos gestores, portanto, eles têm de ser consultados; e segundo, o plano de contas precisa ser o mais simples e sucinto possível. Um plano com centenas de contas geralmente mais atrapalha do que ajuda. De qualquer forma, a primeira regra se sobrepõe à segunda, por isso, converse com o usuário da informação.

Em seguida, é necessário ter um documento descrevendo a finalidade, o conteúdo e o significado de cada uma das contas. A seguir, vamos identificar o que representa cada conta utilizada no modelo apresentado.

Vendas à vista: destina-se ao registro dos valores recebidos de clientes pelas vendas à vista realizadas pela empresa. Geralmente representam entrada de dinheiro, cheque à vista ou cartão de débito.

Vendas a prazo: destina-se ao registro dos valores recebidos de clientes pelas vendas a prazo realizadas pela empresa. Fruto das atividades do contas a receber, representam entrada de recursos de diversas formas, tais como: dinheiro, cheque à vista, cheque pré-datado, cartão de crédito ou débito, boleto bancário, transferências bancárias eletrônicas, entre outras. Incluem também os títulos pagos em atraso pelos clientes.

Juros de aplicações: destina-se ao registro dos valores recebidos pelo rendimento das aplicações financeiras, sendo identificados no extrato bancário da referida aplicação.

Regaste de aplicações: destina-se ao registro dos valores resgatados nas aplicações financeiras, sendo identificado no extrato bancário da referida aplicação.

Captação de empréstimos: destina-se ao registro dos valores recebidos por empréstimos e financiamentos captados nas diversas fontes de recursos, tais como antecipação e desconto de recebíveis, empréstimos em conta garantida, etc.

Salários + encargos: destina-se ao registro dos valores desembolsados para o pagamento das diversas verbas trabalhistas aos funcionários, tais como saldo de salários, férias, 13º salário, horas extras, adicionais de produtividade, rescisões de contrato, INSS, FGTS, etc.

Água/luz/comunicação: destina-se ao registro dos valores desembolsados para o pagamento das despesas com água, esgoto, energia elétrica, telefone, links de comunicação com a internet, etc.

Tributos: destina-se ao registro dos valores desembolsados para o pagamento de impostos, taxas e contribuições incidentes sobre as vendas e sobre os lucros obtidos, tais como IPI, ICMS, ISS, PIS, Cofins, IR, CSLL, etc.

Fornecedores: destina-se ao registro dos valores desembolsados para o pagamento dos fornecedores de produtos e serviços, seja por compras à vista, seja a prazo.

Propaganda: destina-se ao registro dos valores desembolsados para o pagamento das despesas com divulgação da empresa e de seus produtos, tais como comerciais veiculados em jornais, revistas, rádio e TV, distribuição de folhetos, etc.

Manutenção de instalações: destina-se ao registro dos valores desembolsados para o pagamento das despesas com a manutenção preventiva e corretiva dos bens patrimoniais, tais como máquinas, equipamentos de informática, instalações elétricas, prédios, etc.

Serviços de terceiros: destina-se ao registro dos valores desembolsados para o pagamento das despesas com contratação de serviços profissionais, seja de profissionais liberais, seja de empresas, tais como consultorias, assessorias, contadores, advogados, treinamentos, etc.

Material de consumo: destina-se ao registro dos valores desembolsados para o pagamento das despesas com produtos consumidos nas atividades operacionais e administrativas, tais como material de escritório, material de limpeza, utensílios de copa e cozinha, etc.

Pagamento de empréstimos: destina-se ao registro dos valores desembolsados para o pagamento das parcelas de empréstimos e financiamentos captados. Para permitir uma melhor visualização do custo dos empréstimos, recomenda-se que nesta conta sejam lançadas amortizações do principal, sendo os juros lançados em conta específica.

Juros sobre empréstimos: destina-se ao registro dos valores desembolsados para o pagamento dos juros incorridos sobre empréstimos e financiamentos. Incluem-se aqui os juros por utilização de cheque especial e conta garantida.

Aplicações financeiras: destina-se ao registro dos valores desembolsados para aplicação dos recursos excedentes de caixa, tais como poupança, CDB, fundos de renda fixa, fundos de renda variável, etc.

Compra de ativo fixo: destina-se ao registro dos valores desembolsados para o pagamento dos gastos com compra e aquisição de bens do ativo permanente, tais como máquinas, equipamentos, veículos, terrenos, prédios, computadores, móveis, etc.

Outros: destina-se ao registro dos valores desembolsados para o pagamento de gastos diversos de pequeno valor não enquadrados nas rubricas anteriores. Geralmente são gastos que não possuem representatividade que justifique a abertura de uma conta específica.

Enfim, agora você já tem uma boa noção de como elaborar o planejamento do fluxo de caixa da empresa. Embora o exemplo utilizado seja o de planejamento mensal, você pode adequar para o fluxo de caixa diário, semanal, quinzenal, etc. Na prática, perceberá que o grande desafio é conseguir fazer boas previsões, uma vez que nem sempre conseguimos estimar com tanta precisão o que acontecerá nos próximos meses. Geralmente, quanto maior for o horizonte de planejamento – tempo –, maior é o grau de incerteza envolvido e, consequentemente, maior a chance de haver erros nas previsões. Para isso, é muito importante realizar o controle do planejamento.

Controle do fluxo de caixa

De nada adianta fazer um planejamento se você não acompanhar para saber se ele está sendo realizado como se previu. O controle do fluxo de caixa é uma importante função administrativa, a qual tem por finalidade verificar se as metas e os objetivos estabelecidos estão sendo alcançados, bem como traçar planos alternativos caso não sejam atingidos.

Para isso, a tesouraria verifica o fluxo realizado de entradas e saídas de caixa e compara-o com o planejamento inicial. Caso ocorram divergências entre o previsto e o realizado, será necessário investigar as possíveis causas e traçar um novo caminho, ou seja, um novo plano. Embora o controle do fluxo de caixa seja uma atribuição da tesouraria, muito provavelmente as causas de divergências são oriundas de outras áreas da empresa, como a área de vendas, que não conseguiu cumprir suas metas de faturamento, ou outra área que precisou gastar mais do que havia sido considerado inicialmente.

Assim, é fundamental que a tesouraria elabore relatórios de acompanhamento evidenciando as variações entre o previsto e o realizado, para compartilhar com as demais áreas da empresa. Dessa forma, todos ficam cientes do ocorrido, auxiliando na tarefa de identificação das causas e das alternativas para solução. Veja no quadro 14 um exemplo de relatório para controle do fluxo de caixa. Seguindo o modelo que foi apresentado no tópico anterior, o relatório apresenta o fluxo acumulado até o mês de junho.

É possível identificar que as entradas de caixa oriundas das receitas de vendas à vista e a prazo – até junho – não foram tão bem quanto o esperado. O recebimento de vendas a prazo ficou 12% abaixo do previsto, ou seja, estimou-se uma entrada de R$ 35.400, mas realizou-se apenas R$ 31.152. Entre as possíveis causas, pode ter ocorrido uma redução no volume de vendas ou então um aumento na inadimplência – a empresa vendeu a prazo, mas o cliente não pagou. A resposta deverá ser buscada com a equipe de vendas e nos controles de contas a receber.

Já na parte das saídas de caixa, observa-se que boa parte das despesas ficaram abaixo do previsto, o que é bom, uma vez que as entradas de caixa não foram a contento. Em especial, os pagamentos a fornecedores – o item com maior peso nos desembolsos – ficaram 4% abaixo do previsto. Entre

QUADRO 14 – CONTROLE DO FLUXO DE CAIXA

	PREVISTO PARA JUN.	REALIZADO EM JUN.	VARIAÇÃO %	PREVISTO ATÉ JUN.	REALIZADO ATÉ JUN.	VARIAÇÃO %	PREVISTO PARA O ANO	% REALIZADO
Saldo inicial	79	105	32,9%	2.500	2.453	-1,9%	2.500	98,1%
Vendas à vista	800	736	-8,0%	4.000	3.800	-5,0%	7.400	51,4%
Vendas a prazo	6.600	6.402	-3,0%	35.400	31.152	-12,0%	71.800	43,4%
Juros de aplicações	124	112	-9,7%	1.036	954	-7,9%	1.419	67,2%
Resgate de aplicações	1.900	2.738	44,1%	10.880	11.569	6,3%	20.760	55,7%
Captação de empréstimos	5.000	4.850	-3,0%	7.600	12.543	65,0%	15.300	82,0%
Entradas	**14.424**	**14.838**	**2,9%**	**58.916**	**60.018**	**1,9%**	**116.679**	**51,4%**
Salários + encargos	1.400	1.372	-2,0%	8.850	8.142	-8,0%	20.150	40,4%
Água / luz / comunic.	280	331	18,2%	1.570	1.696	8,0%	3.090	54,9%
Tributos	1.320	1.241	-6,0%	7.080	6.514	-8,0%	14.360	45,4%
Fornecedores	2.640	2.588	-2,0%	14.160	13.594	-4,0%	28.720	47,3%
Propaganda	200	226	13,0%	1.070	1.199	12,1%	2.170	55,3%
Manutenção de instalações	180	189	5,0%	1.370	1.576	15,0%	2.870	54,9%
Serviços de terceiros	500	550	10,0%	2.650	3.233	22,0%	5.150	62,8%
Material de consumo	100	95	-5,0%	1.250	1.325	6,0%	2.950	44,9%
Pagto. de empréstimos	1.398	1.410	0,9%	6.875	7.288	6,0%	13.706	53,2%
Juros s/ empréstimos	280	286	2,1%	1.376	1.583	15,0%	2.746	57,6%
Aplicações financeiras	-	-	-	460	300	-34,8%	460	65,2%
Compra de ativo fixo	5.000	5.250	5,0%	8.000	7.840	-2,0%	9.940	78,9%
Outros	1.100	1.342	22,0%	6.600	8.118	23,0%	12.800	63,4%
Saídas	**14.398**	**14.880**	**3,3%**	**61.311**	**62.408**	**1,8%**	**119.112**	**52,4%**
Saldo final	105	63	-40,0%	105	63	-40,0%	67	94,0%

as possíveis causas podem estar a redução no volume de compras ou então um atraso no pagamento a fornecedores. Contudo, os desembolsos com "serviços de terceiros" e "outros" tiveram um gasto acima do previsto em um patamar preocupante – 22% e 23%, respectivamente. Esses dois itens contribuíram significativamente para a piora das condições do caixa da empresa, e precisam ser justificados pelos responsáveis.

Embora não haja uma regra específica, há um senso comum de que é aceitável uma variação de até 10% – para cima ou para baixo – entre o previsto e o realizado. Mas mesmo assim as divergências precisam ser investigadas, até para que o processo de planejamento seja aperfeiçoado nos períodos seguintes. Por conta da redução nas entradas de caixa e do aumento nas saídas, a tesouraria precisou aumentar a captação de empréstimos. De uma previsão inicial de R$ 7.600, o montante efetivamente captado foi de R$ 12.543. Essa foi a alternativa encontrada para sanar o déficit de caixa.

Mas talvez o melhor seja rever o planejamento de gastos para o ano, readequando as previsões de gastos à realidade dos recebimentos esperados nas vendas. Isso pode ser verificado pela comparação entre o previsto para o ano e o realizado até o mês. Enquanto as entradas por vendas a prazo representaram apenas 43,3% do previsto para o ano – previsão de R$ 71.800 contra um realizado de R$ 31.152 –, vários itens de saídas de caixa, tais como propaganda, manutenção de instalações, serviços de terceiros e outros, ficaram em patamares superiores a 50% (metade do desembolso anual). É um forte indício de que haverá maiores problemas até o fim do ano, demandando um "aperto no cinto", o famoso contingenciamento de gastos.

Viu só como o planejamento e o controle do fluxo de caixa podem ser um instrumento poderoso de gestão? Com o controle diário e mensal é possível visualizar as necessidades de revisão do percurso, fazendo a empresa lidar melhor – ou em tempo – com as dificuldades financeiras.

Administração do contas a pagar

A administração do contas a pagar envolve planejamento, direção, organização e controle dos pagamentos de compromissos assumidos pela empresa, tais como fornecedores de serviço e mercadorias, máquinas, salários, impostos, aluguel, entre outros. Embora seja uma das atribuições da tesouraria, suas rotinas diárias de trabalho demandam uma relação direta com a área de compras de produtos e serviços, pois daí se origina a maior parte dos compromissos a pagar. Para compreender melhor essas atribuições, veja na figura abaixo o fluxo dos processos de trabalho do contas a pagar:

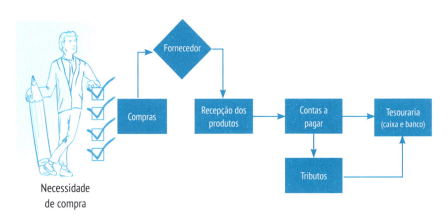

▸ Figura 16 – Fluxo dos processos do contas a pagar

Perceba que tudo começa com a **necessidade de compra** das áreas de negócios da empresa. Por exemplo, a equipe de produção de uma fábrica, ao necessitar da compra de matéria-prima, emite uma requisição de mercadorias ao almoxarifado, o qual, ao verificar que não há tal item em estoque, inicia o processo de compra. Na maioria das empresas há um setor ou funcionário específico responsável pela **função de compras**, pois trata-se de uma atividade extremamente importante, uma vez que uma boa negociação nas compras pode levar os negócios a melhores resultados – quanto menor o custo de aquisição, maior será a possibilidade de ter lucros nas vendas.

É importante considerar também cotações de preço e melhores prazos em outros fornecedores, por isso é fundamental ter um bom relacionamento com os fornecedores e efetuar os pagamentos no prazo, assim a margem de negociação será cada vez maior em futuras compras. Da mesma forma como a empresa necessita dar prazo aos seus clientes para alavancar suas vendas, há a necessidade de ela solicitar um prazo de pagamento aos seus fornecedores. Quanto maior o prazo, melhor será a possibilidade de comercializar ou produzir o bem e conseguir recebê-lo.

O melhor dos cenários é quando a empresa consegue receber antes de pagar seus fornecedores, mas é muito difícil conseguir estabelecer essa dinâmica na maioria das atividades empresariais. Precisamos ter um ciclo financeiro adequado para que a empresa evite, ao máximo, tomar recursos de terceiros para financiar seus ativos. Sendo assim, vamos ver como funciona o contas a pagar.

Feitas as cotações de preços e as negociações com o fornecedor – sempre no sentido de identificar as melhores condições para a empresa – emite-se o pedido de compras, no qual são estipuladas as condições do negócio, tais como a especificação e o preço dos produtos, a forma de entrega, a data e a forma de pagamento, entre outras.

Após o envio da mercadoria pelo fornecedor – normalmente por uma transportadora terceirizada –, os produtos são recebidos na empresa compradora. Para concretizar o recebimento do produto, é necessário todo um processo de **conferência** para saber se está sendo entregue aquilo que foi solicitado. Começa-se com a análise das especificações e características do produto – qualidade, existência de defeitos, etc. – e conclui-se com a análise da conformidade documental. Ou seja, a verificação do documento fiscal – nota fiscal, Demonstrativo Auxiliar da Nota Fiscal Eletrônica (Danfe), cupom fiscal –, checando se ele está correto do ponto de vista legal e tributário. Entre as informações a serem analisadas no documento fiscal, destacam-se: dados do comprador (razão social, endereço, CNPJ, inscrição estadual), especificação técnica do produto comprado (marca, modelo, tipo, tamanho, etc.) e quantidade, valores unitários e totais, tributos destacados (ICMS, IPI, PIS, Cofins, etc.), condições de pagamento, entre outras.

Vamos reiterar que o recebimento e a conferência dos documentos fiscais é essencial para os controles internos e para a correta concretização da compra. Tão importante quanto manter um cadastro de fornecedores atualizado e respeitando as regras tributárias, o recebimento correto de notas fiscais emitidas por esses fornecedores é atividade fundamental nesse processo. Com a complexidade das regras tributárias no Brasil, a empresa precisa garantir o controle das informações de tributos não só de sua emissão mas também em relação aos tributos destacados nas notas fiscais dos fornecedores.

Vale lembrar que há uma forte tendência de a legislação tributária atribuir aos tomadores de serviços – aqueles que adquirem e contratam um serviço de terceiros – a obrigatoriedade de fiscalizar o cumprimento das obrigações tributárias do prestador de serviços. Essa é a forma que o governo encontrou para reduzir a sonegação de tributos, tanto pela venda sem emissão de nota fiscal como pela emissão de nota fiscal com serviços diferentes dos que foram efetivamente prestados, apenas para recolher menos tributos. Acredite, isso é muito comum.

Diz-se então que o tomador de serviços tornou-se o "sujeito passivo da obrigação tributária", passando a ser responsável pela retenção e recolhimento de vários tributos federais e municipais. Ou seja, quem contrata determinados tipos de serviços fica obrigado a fazer a retenção dos tributos no momento do pagamento da nota fiscal ou do recibo do fornecedor de serviços e posteriormente repassar aos órgãos competentes. Uma aplicação fácil para o governo, porém de elevada responsabilidade para as empresas. Em vez de manter controle sobre milhares de pequenos fornecedores, o governo minimiza seus riscos com o controle apenas das grandes empresas, que fazem o papel de arrecadação dos tributos municipais, estaduais e federais.

Essa etapa preliminar de conferência geralmente não acontece no contas a pagar e sim no almoxarifado. Tudo dependerá da estrutura organizacional da empresa. O importante é que alguém o faça, pois após o aceite da mercadoria as condições para troca ou devolução do produto ficam mais restritas. De qualquer forma, quando o documento fiscal é entregue no **contas a pagar**, é necessário verificar todos esses itens a fim de evitar problemas futuros.

Ao receber e conferir os documentos emitidos pelos fornecedores de produtos e serviços e verificar a obrigatoriedade legal de retenções de tributos nos documentos fiscais recebidos, especialmente em caso de aquisição de serviços, inicia-se o processo de registro e programação dos pagamentos nos controles analíticos de fornecedores e demais credores. Caso a empresa utilize sistema informatizado, pode haver uma integração do sistema de compras com o sistema de contas a pagar.

Veja que não são somente os documentos de compras de produtos e serviços que são enviados para o contas a pagar. Todas as obrigações da empresa devem passar por ele para que ocorram o registro, o pagamento e o controle. São exemplos de outras obrigações: pagamentos relacionados a funcionários – salários, benefícios, encargos sociais, rescisões de contrato de trabalho, férias, 13º salário, etc. –, tributos sobre o faturamento e o lucro, contas de fornecimento de serviços públicos – água, esgoto, energia –, serviços de limpeza e vigilância, aluguéis, assinaturas de revistas, entre inúmeros outros. Fique atento.

Por fim, na data de vencimento das obrigações inicia-se a etapa final de pagamento do título, utilizando os meios de pagamento disponíveis, discutidos no capítulo "Economia: PIB, inflação e taxas de juros". O ideal é que essa função da tesouraria seja desempenhada pelo caixa, respeitando o princípio básico de segregação de funções, que será discutido no capítulo "Controles internos". Isso quando a estrutura organizacional e o número de funcionários da tesouraria assim o permitirem. O caixa, após conferir os pagamentos programados pelo contas a pagar, preparará os cheques e/ou transferências bancárias (TED, DOC, boleto, etc.) para liquidação das obrigações.

Entre os meios de pagamento mais utilizados pelos fornecedores destaca-se o boleto bancário, por causa da agilidade que ele proporciona tanto para quem paga quanto para quem recebe. Inúmeras modalidades de obrigações são cobradas e pagas por meio de boleto bancário, tais como fatura de produtos e serviços, mensalidades de sindicatos e associações de classe, aluguel, assinatura de revistas, etc. Contudo, para concretizar a quitação do boleto, o pagador precisará ir a uma agência bancária – ou agentes recebedores autorizados – com dinheiro ou cheque, ou então efetuar uma transferência eletrônica pela conta corrente bancária, pela internet, no *home banking*. Essa tem sido a maneira mais eficiente e amplamente incentivada pelos bancos, podendo ser feita inclusive do próprio celular. Basta digitar ou escanear o código de barras e depois finalizar o pagamento.

As transferências eletrônicas por meio de TED e DOC também são utilizadas para pagamento de fornecedores. Atualmente, há um movimento crescente de adesão ao DDA (Débito Direto Autorizado) em substituição ao boleto bancário, conforme já foi mencionado. Nesse caso, o débito ocorre diretamente na conta bancária do devedor, sem a necessidade de ele realizar o pagamento do boleto por meio de cheque, dinheiro ou transferência eletrônica.

O cheque ainda é muito usado principalmente em pequenos comércios; porém, está caindo em desuso por causa de algumas desvantagens, sendo que as mais prejudiciais às empresas são as fraudes. Cheques desviados, clonados ou trocados entre comerciantes também trazem prejuízos à empresa e colocam em risco suas operações. Pagamentos em dinheiro são recomendados apenas nos casos de pequenas despesas.

Como última etapa da administração do contas a pagar, temos o controle e o registro de todos os pagamentos efetuados, os quais se dão em controles individualizados dos fornecedores e demais recebedores, além do preenchimento do boletim diário de movimento de caixa e banco, no qual serão discriminados e detalhados todos os pagamentos efetuados no dia. Isso será visto mais adiante.

Administração do contas a receber

A administração do contas a receber abrange planejamento, direção, organização e controle dos recebimentos das vendas a prazo realizadas pela empresa, as quais são feitas geralmente após a análise de crédito do cliente. Embora seja uma das atribuições da tesouraria, suas rotinas diárias de trabalho demandam uma relação direta com as áreas de vendas e faturamento, pois essa é a origem dos créditos que serão cobrados dos clientes. Para compreender melhor essas atribuições, veja na figura abaixo o fluxo dos processos de trabalho do contas a receber:

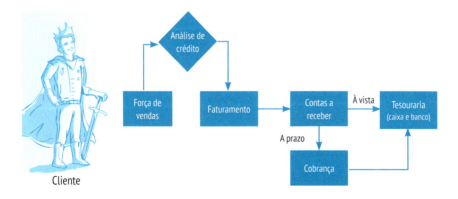

▸ Figura 17 – Fluxo dos processos do contas a receber

Partindo do pressuposto de que os produtos e serviços ofertados pela empresa devem suprir as necessidades dos clientes, a origem de todo o trabalho do contas a receber são as vendas feitas a esses clientes pelo setor de vendas (equipe de vendedores) da empresa. Há um jargão muito popular, principalmente no comércio, que diz "o cliente é o rei". Isso porque a existência das empresas depende de seus clientes, obviamente. Mas é claro que o desempenho da empresa dependerá de fazer uma boa venda, tanto com relação aos preços e prazos de pagamento quanto ao efetivo recebimento dessa venda. Assim, de nada adianta vender um produto a um preço que traga uma boa margem de lucro se o cliente não consegue pagá-lo.

Por isso, antes da efetivação de uma venda, é necessário ter uma boa gestão de cadastro e análise de crédito, pois em certas situações é preferível perder a venda a correr o risco de não recebê-la no futuro. Afinal, as vendas a prazo estão associadas aos riscos com inadimplência, ou seja, ao risco de não recebimento – o famoso "calote". Ao realizar a análise de crédito do cliente, é possível identificar alguns indícios sobre sua capacidade de pagamento, tais como: nível de comprometimento da renda familiar, existência de negativação em cadastro de devedores por inadimplência em outras empresas, entre outros.

De qualquer forma, o primeiro passo é definir claramente as políticas de venda, crédito e cobrança. As políticas de vendas e crédito referem-se basicamente aos prazos de pagamentos e aos descontos nas vendas. As políticas de crédito, quando bem adequadas, fornecem elementos para a concessão de crédito a um cliente, aumentando o lucro da empresa e diminuindo os riscos de inadimplência, os quais causam problemas no processo de recebimento, provocando ações judiciais para recuperação de vendas e tornando o processo excessivamente moroso e caro. Entretanto, é preciso ficar atento quanto ao fato de que limites muito rígidos de concessão de crédito também podem diminuir as vendas. Por isso é importante analisar permanentemente cada cliente, a fim de diferenciar os bons e os maus pagadores e dessa forma decidir se a empresa deve ou não ser mais flexível.

Para estruturar melhor a função de análise de crédito, algumas empresas adotam um sistema de pontuação para definir o padrão de crédito do cliente. É o chamado *score* de crédito – ou *rating*. Quanto maior a pontuação, maior é a capacidade do cliente de honrar os compromissos. Algumas instituições oferecem um serviço de consulta e análise de crédito, como a

Serasa Experian, cujo serviço permite uma análise ampla dos clientes (pessoas físicas e jurídicas) que auxilia a redução de fraudes e inadimplência.

Caso a análise seja positiva, a concessão de crédito é aprovada, seguindo então para o faturamento, ou seja, a emissão da nota fiscal de venda e da fatura de crédito. No Brasil o termo fatura geralmente é associado à emissão da nota fiscal, contudo, isso não é o mais adequado, uma vez que a fatura só é emitida para pagamentos ainda não efetuados, ou seja, para vendas a prazo ou "contra apresentação" – pagamento imediato no momento em que for apresentada ao devedor.

A fatura é o documento que dá origem à duplicata, um título de crédito que documenta e comprova as condições da operação de venda de produtos ou serviços. Embora já tenha sido um documento extremamente importante, possuindo inclusive uma lei específica (Lei nº 5.474/68 – Lei das duplicatas), por conta do desenvolvimento da tecnologia da informação e da modernização dos meios de pagamento bancário, as empresas estão deixando de emitir as duplicatas e passando a utilizar os boletos bancários para a operação de cobrança. Assim, a duplicata só é emitida quando a empresa precisa do referido título para obtenção de empréstimos (desconto de recebíveis) ou para protesto, caso o cliente se torne inadimplente.

Antigamente, além da nota fiscal de venda era necessário emitir a fatura, ou então uma nota fiscal fatura, que confluía as duas coisas. A finalidade e a função da fatura e da duplicata são mais bem interpretadas pelo próprio texto da Lei nº 5.474/68:

> Art. 1º Em todo o contrato de compra e venda mercantil entre partes domiciliadas no território brasileiro, com prazo não inferior a 30 (trinta) dias, contado da data da entrega ou despacho das mercadorias, o vendedor extrairá a respectiva fatura para apresentação ao comprador.
>
> § 1º A fatura discriminará as mercadorias vendidas ou, quando convier ao vendedor, indicará somente os números e valores das notas parciais expedidas por ocasião das vendas, despachos ou entregas das mercadorias.
>
> Art. 2º No ato da emissão da fatura, dela poderá ser extraída uma **duplicata** para circulação como efeito comercial, não sendo admitida qualquer outra espécie de título de crédito para documentar o saque do vendedor pela importância faturada ao comprador.

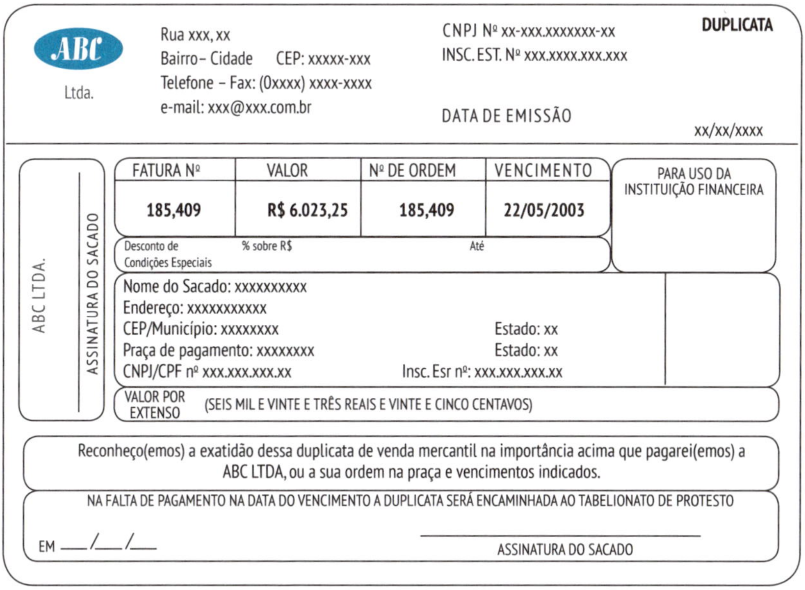

ADMINISTRAÇÃO DO FLUXO DE CAIXA

ABC Ltda. Rua xxx, xx / Bairro – Cidade CEP: xxxxx-xxx / Telefone – Fax: (0xxxx) xxxx-xxxx / e-mail: xxx@xxx.com.br		CNPJ Nº xx-xxx.xxxxxxx-xx / INSC. EST. Nº xxx.xxxx.xxx.xxx / DATA DE EMISSÃO		**DUPLICATA** / xx/xx/xxxx	

FATURA Nº	VALOR	Nº DE ORDEM	VENCIMENTO	PARA USO DA INSTITUIÇÃO FINANCEIRA
185,409	R$ 6.023,25	185,409	22/05/2003	

Desconto de Condições Especiais   % sobre R$ Até

Nome do Sacado: xxxxxxxxxx
Endereço: xxxxxxxxxxx
CEP/Município: xxxxxxxx   Estado: xx
Praça de pagamento: xxxxxxxx   Estado: xx
CNPJ/CPF nº xxx.xxx.xxx.xx   Insc. Esr nº: xxx.xxx.xx.xx

VALOR POR EXTENSO (SEIS MIL E VINTE E TRÊS REAIS E VINTE E CINCO CENTAVOS)

Reconheço(emos) a exatidão dessa duplicata de venda mercantil na importância acima que pagarei(emos) a ABC LTDA, ou a sua ordem na praça e vencimentos indicados.

NA FALTA DE PAGAMENTO NA DATA DO VENCIMENTO A DUPLICATA SERÁ ENCAMINHADA AO TABELIONATO DE PROTESTO

EM __/__/__   ASSINATURA DO SACADO

ASSINATURA DO SACADO — ABC LTDA.

> Figura 18 – Exemplo de duplicata

Seguindo adiante no fluxo do processo, nota-se que os dados do faturamento são encaminhados para o contas a receber, que executará as ações de cobrança dentro do prazo acordado entre as partes, e até mesmo depois, caso o cliente se torne um "inadimplente". Aliás, você sabe o que significa o termo inadimplente? Juridicamente, inadimplente é o devedor que não cumpre as suas obrigações contratuais, em especial o pagamento no prazo definido. Se a venda for à vista, o recebimento se dará de imediato no caixa da empresa. Vale lembrar que a tendência de informatização das empresas tem feito o fluxo de encaminhamento das informações se dar por meio eletrônico, entre o módulo de vendas e faturamento, o módulo de contas a receber e o módulo de caixa – componentes do sistema informatizado.

Se o meio de cobrança escolhido for o de cobrança bancária por boleto, será necessário inserir as informações no sistema de cobrança do banco, manualmente ou por meio da remessa de arquivos Cnab de cobrança. Essa é a grande tendência. Assim, o próprio banco se encarregará de enviar o boleto de cobrança ao endereço do cliente com todas as informações necessárias para que ele proceda ao pagamento. Uma vantagem é que, se for preciso, a empresa poderá fazer o desconto da carteira de cobrança no banco.

Ou seja, repassará os títulos ao banco, que adiantará o valor na conta corrente da empresa, mesmo antes de receber dos clientes. Obviamente, ele cobrará uma taxa de juros pela operação. Essa operação é chamada, de forma genérica, de desconto de recebíveis, mas é popularmente conhecida como desconto de duplicatas. O mesmo pode ocorrer nas vendas com cartão de crédito, o que costuma acontecer com taxas de juros menores, por conta do risco reduzido de inadimplência.

Por isso o contas a receber deverá diariamente captar os arquivos de retorno com as informações da cobrança bancária (baixas, confirmação de entrada, envio para cartório, títulos devolvidos, etc.). Nesse momento será feita a verificação para identificar se há inconsistências nos pagamentos efetuados pelos clientes na cobrança bancária (divergência de valores, não pagamento de multas, etc.). Quando o cliente efetua o pagamento no banco, alguns dias depois o valor estará disponível na conta corrente do recebedor. Depende do *float*, ou seja, do período que o banco ficará com o dinheiro antes de repassá-lo ao recebedor. Em geral, os bancos tendem a trabalhar com o período "D+2", ou seja, o cliente paga hoje e o banco liberará o valor na conta corrente após dois dias úteis. Nesse período o valor ficará em poder do banco, sem qualquer remuneração para o correntista. Além disso, por cada boleto emitido, o banco cobrará uma taxa administrativa, a tarifa de cobrança.

Nesse sentido, é fundamental prestar atenção na negociação do contrato da carteira de cobrança bancária. Em algumas situações o banco cobra valores elevadíssimos de tarifa de cobrança, que podem resultar em custos expressivos para a empresa. Além disso, o prazo de *float* significa um período sem acesso ao dinheiro já pago pelo cliente. Assim, um *float* de "D+3" representará 3 dias com o dinheiro parado no banco. Fique atento, afinal é papel da tesouraria fazer a negociação com o banco – e ser um bom negociador.

Caso o cliente opte por pagar com cartão de crédito, a situação fica mais confortável para a tesouraria, pelo menos do ponto de vista de controle e risco de inadimplência. Nesse caso, se a venda for aprovada pela operadora do cartão de crédito, o risco de inadimplência passa a ser dela, e não do vendedor. Entretanto, será preciso arcar com uma taxa de administração, que pode ser elevada. Novamente, é importante negociar com a operadora.

Nesse caso quem deve para a empresa é a operadora, que fará o repasse na data de vencimento do cartão. Por isso o contas a receber deverá diariamente captar os arquivos de retorno com as informações da administradora do cartão e acompanhar no extrato bancário para saber o valor líquido recebido – valor pago pelo cliente menos a taxa de administração.

Outra forma de venda a prazo muito comum no Brasil é o parcelamento com cheque pré-datado. Isso porque o cheque tem uma facilidade de cobrança e execução bem maior que os boletos bancários. Na data aprazada, a tesouraria enviará o cheque ao banco, que fará a compensação bancária. Caso não tenha fundo, o emitente terá aborrecimentos maiores e imediatos, como a inclusão no Cadastro de Emitentes de Cheques sem Fundos (CCF). Mas vale todo o cuidado com a conferência do cheque e sua guarda.

Ao organizar o contas a receber, será fundamental instituir as políticas de cobrança, as quais devem ser bem definidas com o objetivo de fazer os recebimentos ocorrerem dentro das datas de vencimento, e caso não ocorram, ter estabelecido de forma clara os procedimentos que a empresa deverá adotar em caso de inadimplência. A cobrança dos títulos vencidos pode ser realizada por uma área interna de cobrança ou por uma empresa terceirizada, porém, sempre haverá a necessidade de um controle bem apurado e eficiente nos métodos de cobrança, a fim de reduzir a provisão de devedores duvidosos, impactando o resultado da empresa.

Por fim, a administração do contas a receber pressupõe a correta utilização de mecanismos de controle e consulta das informações sobre a carteira de cobrança – vendas e recebimentos. As informações históricas sobre a ficha financeira do cliente na própria empresa é um importante instrumento para conhecer as características de pagamento do cliente. Se ele é um inadimplente contumaz, talvez seja o caso de rever seus limites de crédito nas compras futuras. Os bancos fazem isso muito bem, analisando as informações do banco de dados de sua carteira do contas a receber para estabelecer o perfil de risco e as tendências de inadimplência.

O fechamento diário de caixa e banco

A confluência do fluxo do contas a receber e do contas a pagar da empresa se dá em seu caixa e nas contas correntes bancárias. Responsável por realizar todos os recebimentos e pagamentos em dinheiro ou transações bancárias, a função de caixa pressupõe o registro das movimentações diárias que ocorreram no caixa e nas contas correntes bancárias. Para isso, deverá ser realizado o fechamento diário de caixa e banco, expresso em um relatório que apresente toda a movimentação e composição do saldo de disponibilidades. Esse relatório costuma ser conhecido como "boletim diário de caixa", "boletim diário de movimentação bancária" ou alguma denominação similar.

Boletim diário de caixa

O boletim diário de caixa apresenta o controle da movimentação que ocorreu no dia, especificamente no caixa, sendo utilizado para demonstrar as entradas e as saídas em dinheiro e em cheques à vista. Anexos ao relatório estarão todos os documentos comprobatórios da movimentação, tais como os comprovantes dos pagamentos – nota fiscal de compra, recibos, cupom fiscal, etc. – e dos recebimentos – fatura ou nota fiscal de venda, recibos emitidos, boletos ou duplicatas pagas por clientes diretamente no caixa, etc.

O primeiro passo é conferir e registrar todos os recebimentos – as entradas de caixa – que aconteceram no dia, discriminando no histórico as informações mais relevantes, tais como o tipo de operação e o número do documento de origem. Em seguida, registram-se todos os pagamentos – as saídas de caixa – do dia, também discriminando no histórico informações que facilitem a compreensão da ocorrência. Para concluir, faz-se a apuração do saldo final de caixa, representado pela equação básica:

$$\text{SALDO INICIAL} + \text{ENTRADAS} - \text{SAÍDAS} = \text{SALDO FINAL}$$

O último passo é a contagem física do numerário – cheques e dinheiro – para garantir que o montante existente seja igual ao reportado no relatório. Caso sejam identificadas divergências – sobras ou faltas no caixa –, podemos dizer que "o caixa não bateu". Então será necessário refazer a conferência, analisando todos os registros efetuados para descobrir se não houve algum tipo de erro. Entre os erros mais comuns estão: registro de uma entrada ou saída com valor errado – por exemplo, uma entrada de R$ 120,00 pode ter sido registrada incorretamente como R$ 210,00 –, recebimentos incorretos – por exemplo, o valor da nota fiscal foi R$ 90,00, mas o cliente pagou somente R$ 80,00 por erro na contagem das cédulas –, devolução errada de troco – devolver R$ 20,00 em vez de R$ 12,00 –, etc.

Por isso é fundamental que a contagem física dos recursos em caixa seja feita diariamente, para que se possa identificar de imediato o erro e saná-lo. Se a contagem ocorrer uma semana depois, tendo acumulado o movimento de vários dias, torna-se mais difícil identificar e também relembrar as possíveis situações que geraram a divergência. Outras possíveis causas de divergências são as fraudes e furtos internos, geradas de forma intencional por alguém do setor. Não é muito raro algum funcionário se aproveitar do acesso ao cofre ou local de guarda do dinheiro e pegar inadvertidamente algumas cédulas. Isso será discutido um pouco melhor no capítulo "Controles internos".

Para mitigar os riscos da existência de diferenças de caixa e garantir o cumprimento do procedimento de contagem física, recomenda-se que o supervisor de tesouraria – ou outro responsável – faça rotineiramente a dupla checagem – contar novamente o caixa. Se não for possível fazê-lo diariamente, pode ser instituída uma estratégia de auditagem aleatória, ou seja, em um dia indefinido, sem avisar, o supervisor faz a conferência.

Há um ditado popular que diz "quem chega primeiro bebe água limpa". Profissionalmente, é muito chato quando você deveria ter feito o que o seu superior teve de fazer. Em nosso caso, o auxiliar deve evitar cair em uma rotina de não conferir o caixa da empresa, por achar que já está tudo certo. Falhas operacionais ou éticas ocorrem em várias empresas.

Então, antes de levar a bronca, realize sempre as conferências de caixa anteriormente descritas. Caso ocorra alguma diferença que você não esteja conseguindo localizar de imediato, avise seu superior e, se for o caso, peça-lhe ajuda. A transparência elimina as dúvidas. Nesse caso, com a experiência do seu superior, pode ser que a diferença seja rapidamente identificada. Na maioria das empresas, as diferenças de caixa devem ser repostas (pagas) pelo funcionário responsável pela salvaguarda do recurso – muito provavelmente o auxiliar de tesouraria.

Veja no quadro 15 um exemplo de boletim diário de caixa:

QUADRO 15 – BOLETIM DIÁRIO DE CAIXA (12/5/2018)			
HISTÓRICO	**ENTRADAS**	**SAÍDAS**
Nosso cheque nº 325.455 (Fornecedor Bacana Ltda.)	1.580,50	
Nosso cheque nº 325.456 (Receita Federal do Brasil)	3.458,40	
Nosso cheque nº 325.457 (Empório Tem de Tudo Ltda.)	2.450,60	
Recebimento NF 453 (dinheiro)	250,00	
Recebimento NF 461 (cheque nº 120.345)	323,45	
Recebimento Fatura 320.344 – Fulando de Tal (cheque nº 654.231)	1.245,30	
Recebimento Fatura 320.378 – Exemplo Ltda. (dinheiro)	450,00	
Recebimento PDV 1 – cupom fiscal 436 a 641	3.451,23	
Pagamento NF 211 – Fornecedor Banaca Ltda. (cheque nº 325.455)		1.580,50
Pagamento Guia PIS/COFINS (cheque nº 325.456)		3.458,40
Pagamento NF 234 – Supermercado XX Ltda. (dinheiro)		130,00
Pagamento NF 045 – Papelaria Exemplo Ltda. (dinheiro)		80,00
Pagamento CF 231.211 – Posto de Combustível Gasosa Ltda. (dinheiro)		123,50
Pagamento Conta Energia CPFL (dinheiro)		145,30
Adiantamento de viagem – João de Deus (dinheiro)		300,00
Depósito Banco do Brasil S/A.		5.400,00
Soma do movimento diário	13.209,48	11.217,70
Saldo inicial		1.240,50
Total de recebimentos		13.209,48
Total de pagamentos		(11.217,70)
Saldo final		3.232,28
COMPOSIÇÃO DO SALDO FÍSICO DE CAIXA		
Dinheiro		781,68
Cheques recebidos de clientes		-
Cheques emitidos mas não entregues		2.450,60
Saldo físico de caixa		3.232,28

Entre o total de recebimentos de caixa no dia – R$ 13.209,48 – temos o registro dos cheques emitidos pela tesouraria para pagamento de dois fornecedores e da guia de recolhimento de tributos. Essa prática de registrar os cheques emitidos no movimento diário de caixa visa garantir um maior controle sobre a guarda de tais cheques, uma vez que nem sempre o favorecido comparece naquele dia para retirar o cheque. Foi o que aconteceu com o cheque nº 325.457, emitido para pagamento do fornecedor "Empório Tem de Tudo Ltda.". Como ele ainda não retirou o cheque, o mesmo ficará compondo o saldo final de caixa, sob responsabilidade da tesouraria.

Observe que entre o total de pagamentos de caixa no dia – R$ 11.217,70 – estão registradas as saídas dos dois outros cheques efetivamente entregues aos favorecidos no dia de emissão. No caso da guia de recolhimento de PIS e Cofins, o pagamento foi na agência bancária. Para fechamento, confluindo o fluxo de entradas e saídas, com o saldo inicial – R$ 1.240,50 –, se obtém o saldo final de R$ 3.232,28. Cabe lembrar que o saldo de caixa nunca poderá ser negativo. Afinal, se não há dinheiro, não há como efetuar pagamentos.

Na contagem física do numerário de caixa consta R$ 781,68 em dinheiro, mais o cheque emitido e não entregue, no valor de R$ 2.450,60. Caso o cheque de R$ 1.245,30 recebido do cliente "Fulano de Tal" não tivesse sido enviado para depósito bancário, estaria compondo o saldo físico. Para finalizar o fechamento do caixa, devem ser anexados ao boletim todos os documentos que comprovam a movimentação. Recomenda-se que o relatório contenha a assinatura de quem o elaborou e do supervisor que o conferiu. O relatório e os documentos comprobatórios serão enviados à contabilidade, para registro contábil.

Como etapa final de controle, devem ser abastecidos os relatórios auxiliares de controle, por exemplo, a composição do fluxo de caixa previsto e realizado, agregados por contas. No quadro 16 é possível visualizar essa consolidação:

QUADRO 16 – CONSOLIDAÇÃO DO FLUXO DE CAIXA DIÁRIO	
Vendas à vista	4.024,68
Vendas a prazo	1.695,30
Entradas	5.719,98
Água / luz / comunic.	145,30
Tributos	3.458,40
Fornecedores	1.580,50
Material de consumo	210,00
Outros	123,50
Saídas	5.517,70

Perceba que houve um agrupamento dos elementos de mesma natureza por contas, seguindo o "plano de contas da tesouraria". Por exemplo, todas as vendas à vista recebidas no dia totalizaram R$ 4.024,68, e as vendas a prazo – pagas no caixa – foram de R$ 1.695,30. Nas saídas de caixa, por exemplo, o valor gasto com "material de consumo" – R$ 210,00 – é a agregação do pagamento feito para o "Supermercado XX Ltda." no valor de R$ 130,00 e para a "Papelaria Exemplo Ltda." no valor de R$ 80,00. Você deve ter notado que o total de entradas e o de saídas dessa consolidação não batem com o total de recebimentos e pagamentos do relatório de caixa. Isso porque não são registrados, no controle de consolidação, as entradas dos cheques emitidos pela tesouraria e os depósitos bancários efetuados, que são apenas movimentações internas entre caixa e banco.

Boletim diário de movimentação bancária

Agora é necessário elaborar o boletim diário de movimentação bancária para registrar e controlar entradas e saídas que ocorreram na conta corrente bancária. Geralmente é nele que estará a maior parte da movimentação da empresa, oriunda do contas a receber – boletos de cobrança, cartão de crédito, etc. – e do contas a pagar – cheques, TED, DOC, etc.

O primeiro passo é a análise do extrato bancário para conferência de todos os movimentos apresentados pelo banco, tanto de entradas quanto de saídas. É nesse momento que são identificadas as entradas oriundas da cobrança das vendas a prazo da empresa e também os débitos de tarifas realizados pelo banco. Em seguida, faz-se o registro no boletim diário, conforme mostramos no quadro 17.

Nas entradas ocorridas na conta corrente bancária constam o depósito efetuado pela tesouraria no dia (R$ 5.400,00), o resgate de uma aplicação financeira para suprir a falta de recursos (R$ 6.700,00), a cobrança bancária dos boletos emitidos pela empresa (R$ 45.326,80) já devidamente registrados nos controles do contas a receber e com o desconto da tarifa de cobrança (R$ 125,40), bem como os créditos da operadora de cartão pelas vendas nessa modalidade (R$ 34.578,40), também deduzidos da taxa de administração (R$ 1.345,50).

Nas saídas, além das tarifas de cobrança já mencionadas, temos os pagamentos feitos a fornecedores e terceiros pelos diversos meios de pagamen-

QUADRO 17 – BOLETIM DIÁRIO DE MOVIMENTAÇÃO BANCÁRIA (12/5/2018)

HISTÓRICO	ENTRADAS	SAÍDAS
Depósito do dia	5.400,00	
Resgate de aplicação financeira (poupança)	6.700,00	
Cobrança bancária recebida no dia	45.326,80	
Tarifa de cobrança bancária		125,40
Cartões de crédito recebidos no dia	34.578,40	
Tarifa da operadora de cartão de crédito		1.345,50
Débito automático conta telefônica		874,30
Lote de pagamento - boletos (fornecedores)		65.430,00
TED Pagto. NF 1.438 - Fornecedor Ideal Ltda.		20.500,00
Cheque nº 325.455 Pagto. NF 126 - Fornecedor Bacana Ltda.		1.580,50
Cheque nº 325.456 Pagto. Guia PIS/COFINS		3.458,40
Cheque nº 325.457 Pagto. NF 211 - Empório Tem de Tudo Ltda.		2.450,60
Juros por uso de conta garantida		1.453,40
Tarifa do pacote básico de manutenção da conta		34,50
Soma do movimento diário	92.005,20	97.252,60
Saldo inicial		1.240,50
Total de entradas		92.005,20
Total de saídas		(97.252,60)
Saldo final		(4.006,90)

tos bancários, bem como os débitos de juros e tarifas. A conta telefônica (R$ 874,30) foi paga por débito automático, uma modalidade comumente utilizada para esse tipo de operação, pois evita transtornos gerados por eventuais esquecimentos. Os pagamentos de boletos bancários dos fornecedores (R$ 65.430,00) foram oriundos da remessa eletrônica efetuada no dia anterior, assim como o pagamento por TED (R$ 20.500,00). Recomenda-se que o registro seja individualizado por fornecedor, da mesma forma que são apresentados os pagamentos em cheque (R$ 1.580,50 – R$ 3.458,40 – R$ 2.450,60). Os juros (R$ 1.453,40) são oriundos do empréstimo de capital de giro solicitado ao banco. A tarifa de manutenção da conta (R$ 34,50) advém do contrato firmado com o banco pelo uso da conta corrente.

Como se pode ver, mesmo com o resgate de aplicação financeira no valor de R$ 6.700,00, o saldo ao final do dia ficou negativo. Diferentemente do caixa, a conta corrente bancária pode sim apresentar saldo negativo, ficando sujeita à cobrança de juros pelo banco. Contudo, é necessário verificar qual o limite de crédito com o banco – limite de cheque especial ou conta garantida –, caso contrário existe o risco de o banco devolver os cheques emitidos, por insuficiência de fundos. Isso gerará vários problemas para a empresa, portanto, a situação deve ser evitada por meio do planejamento do fluxo de caixa diário.

7. CONTROLES INTERNOS

Riscos operacionais

Inúmeros são os riscos operacionais que envolvem o cotidiano das organizações e suas tesourarias, podendo resultar em perdas onerosas para a empresa. Tais riscos são originados por fatores exógenos (externos) ou endógenos (internos). Enquanto os fatores exógenos tendem a não ser de controle da empresa, os endógenos são passíveis de identificação e controle. Dentre os riscos endógenos destacam-se as ocorrências de fraudes e de erros.

No caso das fraudes , o principal problema é que nem sempre a empresa sabe que está em situação de vulnerabilidade. Com isso, muitas vezes acaba sendo vítima sem ao menos ter percebido. Para descobrir e posteriormente combater e eliminar o problema, acaba contando com a sorte de ocorrer uma falha do fraudador, ou então conta com a boa vontade de um delator, que percebe algo estranho acontecendo. Já no caso dos erros, a notícia chega mais rápido, geralmente por meio da notificação dos órgãos externos de fiscalização, e obviamente vem acompanhada das multas.

Nesse sentido, visando otimizar seus resultados econômicos, bem como preservar seu patrimônio, as organizações têm buscado mitigar as possibilidades de perdas decorrentes de riscos. Para isso, têm investido na implementação e modernização de seus sistemas de controle internos. Sabe-se, contudo, que nem sempre tais implementações são realizadas a contento, pois embora aparentemente simples, trata-se de um processo que exige tempo, maturidade, dedicação, conhecimento, patrocínio dos gestores e, principalmente, sistematização. Conhecer as receitas de sucesso, ou seja, as melhores práticas das organizações que conseguiram evoluir e operacionalizar com eficácia seus sistemas de controle interno certamente pode ser de grande valia para aqueles que se deparam com esse desafio.

Controle interno nas organizações

Todas as organizações, com finalidade lucrativa ou não, necessitam de instrumentos e metodologias que possibilitem o cumprimento da função administrativa de controle, como forma de garantir seu desempenho operacional, de reduzir a possibilidade de erros danosos e de salvaguardar seu patrimônio.

Para compreender melhor esse processo, é preciso entender um pouco de suas origens. De acordo com Migliavacca (2004, p. 17), a palavra "controle" deriva do latim *contrarotulus,* cujo significado é "cópia do registro dos dados". Surgiu no século XVII como uma cópia de uma relação de contas, ou seja, um paralelo ao seu original. Obviamente o significado era coerente, à época, com as necessidades feudais. Já com a evolução das teorias organizacionais e da complexidade das operações das empresas, o conceito e a finalidade foram se adaptando às necessidades contemporâneas.

Atualmente, há vários conceitos sobre o que é o controle interno nas organizações. Para o Instituto Brasileiro de Auditores Internos do Brasil (Ibracon), o controle interno compreende o plano de organização e o conjunto ordenado dos métodos e medidas adotado pela entidade para proteger seu patrimônio e verificar a exatidão e o grau de confiança de seus dados contábeis.

Os controles internos têm por finalidade, conforme Migliavacca (2004):

a. salvaguardar os ativos;

b. verificar a adequação e o suporte dos dados contábeis;

c. promover a eficiência operacional;

d. encorajar a aderência às políticas definidas pela direção.

Obviamente, uma finalidade complementa e interage com a outra. Por exemplo, ao encorajar a aderência às políticas definidas pela direção, consegue-se promover a eficiência operacional, bem como salvaguardar os ativos.

Por isso, devemos compreender os controles internos como um sistema, ou seja, um sistema de controle interno, no qual há uma interação entre as partes que o compõem. Tal visão é corroborada no "Guia das Melhores Práticas de Governança Corporativa – 2005" do Instituto Brasileiro de Governança Corporativa:

> Os controles internos são convenientes, em primeiro lugar, para reduzir a probabilidade de erros, sejam eles intencionais ou não. Um sistema de controle interno bem estruturado e implementado fornece um ambien-

te correto para que as operações de uma companhia sejam eficazes, bem como reduz o risco de as informações financeiras serem apresentadas de maneira significativamente incorreta.

Ainda complementando as finalidades do controle interno, destacamos algumas citadas por Botelho (2003, p. 24):

- Prevenir e detectar fraudes e erros ou situações de desperdício, práticas administrativas abusivas, antieconômicas ou corruptas e outros atos de caráter ilícito.

- Estimular a eficiência operacional, sugerindo formas eficazes e instituindo procedimentos devidamente normatizados.

- Garantir que as transações sejam realizadas com observância do princípio da legalidade.

- Assegurar o cumprimento de leis, regulamentos e diretrizes da organização.

- Salvaguardar o ativo e assegurar a legitimidade do passivo.

- Garantir a confiabilidade aos informes e relatórios contábeis, financeiros e operacionais.

- Verificar o fluxo das transações e se elas ocorreram de fato, de acordo com os registros, analisando o controle dos processos e a avaliação dos efeitos dessas realizações.

- Assegurar que todas as transações sejam válidas, registradas, autorizadas, valorizadas, classificadas, registradas, lançadas e totalizadas corretamente.

Percebe-se que o conceito de salvaguarda dos ativos é citado por praticamente todos os autores ao versarem sobre controle interno. Aliás, com todo sentido, afinal o termo "salvaguardar" significa "pôr fora de perigo, defender, proteger". Assim, essencialmente podemos dizer que a finalidade de salvaguardar os ativos consiste em garantir que, por intermédio de procedimentos de controle determinados pela direção, a empresa protegerá seus ativos de eventuais roubos, perdas, uso indiscriminado ou danos morais (conceito e imagem da empresa). Importante destacar que isso somente será possível se os procedimentos estabelecidos forem seguidos e revisados periodicamente, possibilitando um ajuste constante dos controles.

Riscos de fraude, conluio e erro

No que se refere aos riscos que podem afetar a salvaguarda dos ativos, é oportuno esclarecer os conceitos de fraude, conluio e erro, pois de fato os controles internos visam inibir ou mesmo eliminar seus riscos de ocorrência. Para tanto, buscamos o conceito adotado pelo Conselho Federal de Contabilidade (CFC), emanado no capítulo 8 da Resolução CFC nº 820/97.

- **Fraude:** é o ato intencional de omissão ou manipulação de transações, adulteração de documentos, registros e demonstrações contábeis.
- **Conluio:** é a combinação entre duas ou mais pessoas para lesar outrem.
- **Erro:** é o ato não intencional resultante de omissão, desatenção ou má interpretação de fatos na elaboração de registros e demonstrações contábeis.

Segundo Teixeira (2008, p. 7), as espécies de fraudes mais frequentes são:

- **Furto:** é um ato criminoso de apropriação de uma coisa alheia móvel, a qual o agente tem a intenção de usar como sua propriedade. Não há uso de força física. O elemento age sorrateiramente. Exemplo: um empregado leva uma máquina da empresa para casa.
- **Roubo:** tem a mesma finalidade do furto, contudo, o indivíduo se apropria do objeto usando a força (violência física ou moral). Exemplo: na tesouraria de uma empresa é deixada certa quantia de dinheiro, a qual é roubada mediante ameaça física ao tesoureiro.
- **Apropriação indébita:** apropriação de coisa alheia móvel da qual o agente tem a posse em razão da confiança que lhe foi conferida. Exemplo: tesoureiro da empresa que utiliza numerários para cobrir sua conta pessoal em um determinado período, com o intuito de devolvê-los posteriormente.
- **Sabotagem:** ocorre quando alguém planeja e/ou pratica uma ação (ou omissão) para causar um prejuízo à empresa, sem tirar nada para si, apenas com a finalidade de prejudicar. Crime doloso, subversivo. Exemplo: deixar frouxo o parafuso de uma máquina com o intuito de quebrá-la.

- **Desperdício voluntário:** ocorre quando alguém gasta os recursos físicos em excesso, propositalmente. Na empresa nada deve ser desperdiçado, tudo deve ser usado economicamente. Exemplo: desperdício intencional de alimentos, de água ou energia, sobra de matéria-prima, etc.
- **Desvio de valores:** é quando se desloca a destinação da verba pública para a privada. Tanto pode ser dinheiro como qualquer coisa material. Exemplo: desvio do caixa, na tesouraria.
- **Pagamento a menor e sonegação de tributos:** utilização intencional de atos ilícitos para pagar menos impostos e, consequentemente, melhorar o desempenho da empresa, ou mesmo favorecer outrem. Quando descobertos, há necessidade de se pagar os tributos sonegados com juros e multas. O prejuízo é grande, além da responsabilização de crime tributário. Exemplo: aproveitamento indevido de créditos de ICMS em uma operação.

É importante salientar que a fraude não pode ser confundida com o furto, mesmo que por meio dela a pessoa esteja se apropriando de algo que não lhe pertence. Isso se dá por meios aparentemente legais, e para esse fim o fraudador utiliza diversos artifícios. Também é diferente de erro, pois este identifica o que não é exato ou verdadeiro, havendo para tanto um conceito de inexatidão e, na fraude, há um conceito de má-fé, intencionalidade imoral (Cândido, 2007, p. 22).

O fraudador comumente possui alguns traços específicos, segundo estudos das autoridades criminais americanas: é uma pessoa normal, já com algum tempo de casa; um funcionário conhecido e de confiança; gasta o que devia, em vez de poupar; no início tem a (boa) intenção de devolver o que desvia; geralmente opera sozinho; depois de certo tempo fica descuidado quanto aos seus métodos; geralmente é compulsivo; trabalha duro, até altas horas, e tem bom conceito com seus colegas; geralmente tem acesso ao caixa e a valores da organização; é homem (80%); tem idade entre 25 e 40 anos (Migliavacca, 2004, p. 24).

Cândido (2007, p. 19) destaca que, para cumprir a missão de salvaguardar os ativos, o controle interno deverá atuar duramente contra a fraude, de forma quase total, protegendo a empresa das ações que de forma aparentemente correta são aplicadas para enganar alguém causando prejuízo a terceiros em benefício próprio. Nesse contexto, a empresa deverá sempre demonstrar que possui um sistema de controle interno atuante, atento e eficaz. Afinal, um funcionário mal intencionado, com pretensões escusas, ao descobrir que a empresa possui controles internos falhos, se sentirá tentado a testá-los.

Ainda segundo Cândido (2007, p. 24), tendo em mente que não será facilmente punido e, uma vez diante da oportunidade de efetuar a fraude, ele não se intimidará, podendo acobertar-se por meio das falhas dos controles internos da empresa. Geralmente, para disfarçar os benefícios advindos das fraudes, o empregado, por vezes, trabalha muitas horas extras, não tira férias e, em alguns casos extremos, chega até a alegar que ganhou na loteria.

Conforme citado por Cândido (2007, p. 24), segundo alguns levantamentos já realizados, as áreas mais expostas a fraudes nas empresas são as áreas de compras, do financeiro e de recursos humanos. Em compras, há a alteração de valores e o conluio com fornecedores, que repassam certa quantia (comissão) ao comprador. No financeiro, a alteração de valores é o tipo de fraude mais encontrado, assim como a falsificação de assinaturas. Nas atividades do setor de recursos humanos pode ocorrer o registro de funcionários fantasmas, o pagamento de valores a maior, em conluio, ou mesmo alteração de valores ou contas correntes nas planilhas de pagamentos.

Controles preventivos × controles detectivos

De acordo com a sua função, os instrumentos de controle interno utilizados pela empresa podem ser classificados em duas categorias: controles preventivos e controles detectivos. Os primeiros (preventivos), como o próprio nome indica, servem para prevenir que as ocorrências aconteçam. Os segundos servem para detectar as ocorrências após o fato. Conforme Migliavacca (2004, p. 49):

> Controles de prevenção são aqueles destinados a impedir erros ou anormalidades durante o processamento. Controles preventivos são mais eficientes e menos caros do que os detectivos. Quando inseridos dentro de um sistema, os controles preventivos evitam que erros ocorram, evitando também os custos de corrigi-los. Alguns exemplos de controles preventivos são:

a) pessoas íntegras, competentes, treinadas e de confiança;
b) segregação de funções a fim de prevenir as oportunidades de desvios;
c) documentos e controles adequados no processamento de transações;
d) controles físicos sobre os ativos da empresa a fim de impedir o mau uso ou sua malversação.

Vale lembrar que o verbete preventivo está relacionado à ação de se antecipar, se prevenir, impedir que algo aconteça. Na vida cotidiana, por exemplo, lavam-se as mãos para evitar a possibilidade de contrair alguma doença. Em uma empresa, as ações preventivas podem mitigar a possibilidade de adquirir problemas. Assim, os controles preventivos buscam, por meio de ações e medidas preventivas, reduzir as possibilidades de problemas que possam comprometer o patrimônio da empresa ou mesmo seu desempenho (erros, fraudes, roubos, furtos, entre outros).

Já os controles detectivos operam como sinalizadores de que o problema efetivamente ocorreu. Para Migliavacca (2004, p. 51):

> Controles de detecção são aqueles destinados a detectar erros e anormalidades que ocorreram durante o processamento de dados. Controles detectivos são mais caros que os preventivos, mas também são essenciais. Primeiro, porque eles medem a eficiência do controle preventivo. Segundo, porque alguns tipos de erros não podem ser eficientemente controlados mediante um sistema preventivo; devem ser detectados quando de sua ocorrência. Exemplos de controles detectivos:
> a) registros de performance de atividades;
> b) verificações independentes;
> c) reconciliações bancárias e contábeis;
> d) confirmações de saldos de contas de terceiros;
> e) contagem de caixa;
> f) inventários e análise das diferenças.

Espera-se que os controles preventivos sejam eficazes a ponto de não haver ocorrências a serem detectadas. Quanto mais eficaz o controle preventivo, menos necessário será o controle detectivo. Mas como sabemos que errar é humano, e corriqueiro, os dois são fundamentais.

Castro (2007, p. 192) menciona que o sistema de controles internos também atua de forma fiscalizatória e corretiva. Para ele, a atividade de fiscalização consiste em examinar e reexaminar os atos praticados com vistas à identificação de irregularidades ou ilegalidades. Já a atividade de correção objetiva eliminar a ilegalidade ou ilegitimidade do ato. Para isso, são utilizadas várias frentes de atuação, como a anulação, a suspensão, a confirmação e a sanação, no tocante à ilegalidade; e, ainda, a revogação, a modificação, a suspensão e a confirmação, no que diz respeito ao ato ilegítimo.

Retomando o foco nos controles preventivos, há de se destacar alguns elementos e mecanismos fundamentais. Um ponto importante se refere à existência de normativos internos transcritos de forma clara e objetiva, de conhecimento de todos, com a função de orientar as atividades cotidianas. Para Teixeira (2008, p. 22), "manuais de procedimentos detalhados, em suporte às políticas e diretrizes emitidas pela diretoria, devem ser desenvolvidos a fim de garantir consistência no processamento das transações diárias". As normas internas e os manuais de procedimentos, quando devidamente elaborados e divulgados, se tornam um importante instrumento de controle preventivo da empresa. Aliás, quanto mais a empresa evoluir no sentido de escrever e descrever seus processos, mais avançará ao encontro de um sistema eficiente, útil e aplicável.

> A elaboração de instruções por escrito e de fluxogramas para documentar o processamento de pedidos, ordens de compra, pedidos de cheque, recebimentos de caixa, etc., é útil para trazer à luz ineficiências no processamento e deficiências nos controles internos. As práticas e controles adotados serão mais bem mantidos se definidos por escrito. (Teixeira, 2008, p. 22)

Outra medida preventiva de vital importância é a segregação de funções. Na essência, ela parte do princípio de que um funcionário que detenha o poder e a atuação em várias etapas do processo de trabalho administrativo terá muito mais condições de cometer erros e fraudes. É um princípio de controle interno no qual nenhum funcionário ou setor deve participar ou controlar todas as fases inerentes a um processo administrativo, ou seja, cada fase deve, sempre que possível, ser executada por pessoas e setores independentes entre si, possibilitando a realização de uma verificação cruzada. Exemplo: deve-se evitar que o funcionário que faz compra seja o mesmo que confere a mercadoria entregue, lança no contas a pagar, efetua o pagamento, faz o fechamento de caixa, realiza a conciliação bancária, etc. Para Castro (2007, p. 100):

> O princípio da segregação de funções aparece no bojo da atividade de controle como a orientação de que as funções administrativas sejam segregadas (parceladas) entre vários agentes, órgãos ou entes. A segregação de funções cria um ciclo em que cada um dos executores poderá conferir a tarefa feita alhures e dar o devido prosseguimento ao processo de execução. [...] Em suma, o princípio da segregação das funções nos informa que nenhum servidor ou seção administrativa deve controlar os passos-chave de uma transação ou fato.

Obviamente, para que não ocorram erros ou ineficiências no processo, tais atividades devem ser conduzidas por profissionais com capacidade, formação e experiência compatíveis com os cargos a serem desempenhados (Botelho, 2003, p. 28).

Teixeira (2008, p. 22) recomenda que os seguintes departamentos sejam independentes um do outro: contabilidade; faturamento; crédito e cobrança; compras; recebimentos; contas a pagar; caixa; vendas; expedição; planejamento de produção.

Vale lembrar que a aplicação deste princípio deve estar equalizada com o princípio da economicidade, ou seja, o custo da implementação de um controle não deve ser superior ao benefício pretendido (risco).

Por fim, recomenda-se também que seja incorporada ao sistema de controle interno a atividade de inspeções físicas periódicas nos diversos departamentos da empresa, com o intuito de averiguar a integridade e a paridade entre as informações dos relatórios contábeis e financeiros e a existência real dos ativos. Por exemplo, a contagem do dinheiro que está em poder da tesouraria, ou mesmo a contagem dos estoques. Realizando-se em intervalos irregulares, poderão ser identificadas diferenças entre o saldo físico e o saldo registrado, resultando imediatamente em uma ação corretiva. (Cândido, 2007, p. 21).

Relação custo × benefício dos controles internos

Conforme mencionado, é fundamental que haja uma avaliação da relação custo × benefício da implementação de uma atividade de controle interno, ou seja, a relação entre o custo da restrição/correção da atividade de controle e o benefício que ele trará. Castro (2007, p. 102) apresenta um exemplo interessante sobre essa análise:

> Imagine-se a administração de uma cidade de dois mil habitantes que adquire durante o ano cinco *tonners* para suas impressoras ao custo estimado de R$ 300,00 cada cartucho. Pairando qualquer dúvida sobre a procedência do produto ou então sobre a boa-fé do fornecedor, o produto – em tese – deveria ser encaminhado à análise que indicaria se ele segue os padrões indicados no edital. Ocorre que a análise desse porte somente poderia ser realizada por instituição especializada e o custo da verificação equivale a 1/3 do valor anual gasto em *tonners* pelo Município. Partindo desta ponderação, há que se constatar que a atividade de controle jamais pode distanciar da eficiência administrativa e, no caso acima descrito, o controle deverá ater-se às condições de constatação visual e procedimental, afastando a análise laboratorial que representaria um gasto demasiado se comparado com os valores gastos para a aquisição dos produtos.

Há então de se considerar que a implementação de mecanismos de controle não deve ocorrer a reboque do mero processo de burocratização. O excesso deve ser avaliado, caso contrário, pode-se incorrer no erro de se instalar, por exemplo, câmeras e circuitos de vídeo em toda a empresa, com o propósito de vigiar os funcionários para coibir erros e fraudes. Um verdadeiro Big Brother corporativo.

Ao retratar os excessos de controle, Migliavacca (2004, p. 128) destaca que com a preocupação em controlar as operações, existe sempre a possibilidade de impor controles em excesso, que se tornam redundantes, sem uso prático, e caros. Fica evidente que, quando surgem os problemas, há a tendência de implantar de imediato controles que resolvam a situação de uma vez por todas, um conjunto sofisticado de mecanismos de controle e de procedimentos internos que visam eliminar qualquer possibilidade de o erro se repetir. Porém, o excesso de controle pode ser tão ruim quanto a sua ausência. Uma estrutura de controles caros e restritivos pode solapar a iniciativa e o desempenho das pessoas. Nesse caso, a proteção é comprada ao preço da repressão.

Enfim, por tudo o que foi exposto, torna-se evidente que todas as organizações necessitam de instrumentos e metodologias que possibilitem o cumprimento da função administrativa de controle interno como forma de diminuir riscos operacionais que possam comprometer seu desempenho operacional, sejam eles erros, sejam fraudes.

    Aliás, este tem sido um tema relevante para a gestão empresarial, tanto que cada vez mais se discutem os preceitos de governança corporativa, gestão de risco e controladoria operacional como propulsores da eficácia de uma empresa. A questão é saber de que forma as empresas têm lidado com essa temática em seu cotidiano, afinal, ela demanda um custo de implementação e operacionalização, além de resultar em alguns entraves operacionais. Na tesouraria, a necessidade é mais iminente e urgente, pelo volume de transações e movimentações de recursos financeiros. Contudo, há de se implementar mecanismos que não burocratizem demais os processos e não comprometam a agilidade na operacionalização das atividades cotidianas. Não se esqueça disso.

CONSIDERAÇÕES FINAIS

Conforme foi analisado ao longo do livro, é perceptível a necessidade de as empresas e demais organizações formais – independentemente de seu porte – cuidarem bem dos recursos financeiros, estabelecendo bons mecanismos de planejamento e controle para a administração do seu fluxo de caixa. Dessa forma, a tesouraria conseguirá ter uma previsibilidade cada vez mais próxima da realidade da organização, garantindo o uso eficiente dos recursos financeiros e contribuindo para o atingimento dos objetivos organizacionais.

Obviamente, os três níveis da estrutura organizacional – estratégico, tático e operacional – são fundamentais para que isso aconteça. Entende-se que embora as grandes decisões que norteiam o destino das organizações sejam tomadas nos níveis estratégico e tático, a eficiência das áreas operacionais é que garante o bom funcionamento das engrenagens corporativas. Por isso tivemos o cuidado, neste livro, de detalhar bem a operacionalização dos procedimentos na base da pirâmide – nível operacional – para que os processos, as atividades, os lançamentos, as verificações e os demais controles sejam bem realizados. Nesse sentido, ele apresenta os principais assuntos que influenciam o cotidiano da tesouraria com um enfoque prático e descomplicado, de fácil assimilação.

De qualquer forma, o livro também tem uma aplicação estratégica, em especial no tocante ao planejamento do fluxo de caixa, na medida em que esse tem sido um importante instrumento de apoio para a tomada de decisão. Embora nas organizações de grande porte o seu uso seja uma realidade, nas de pequeno e médio porte isso acaba não acontecendo com a devida frequência e intensidade. Especialmente por terem poucos funcionários, essas empresas relutam em implantar a prática da administração – planejamento, organização, direção e controle – do fluxo de caixa.

Como última contribuição deste livro, veja a seguir um esclarecimento sobre as principias tendências nas operações das tesourarias das organizações. Algumas delas já podem ser observadas de forma intensa no cotidiano das organizações. Outras, de maneira gradativa. Pode-se dizer que em geral elas estão relacionadas com a busca do aumento de produtividade e com a redução de custos.

A principal tendência é a informatização das organizações, a qual demonstra-se inevitável, trazendo impactos relevantes para a tesouraria. O dinamismo da evolução da tecnologia da informação (TI) tem impulsionado a sociedade e impactado significativamente as organizações. Cada vez mais surgem demandas pela utilização de novas plataformas tecnológicas no mundo dos negócios, tais como a disponibilização de computadores (*tablets, desktops*, etc.) com acesso à internet, aplicativos de *e-business*, aplicativos administrativos e de gestão (ERP, BI, SCM, HRM, etc.), aplicativos de relacionamento com clientes, entre outros.

Uma evidência dessa proliferação tecnológica é a elevação do fluxo de investimentos das empresas para a implementação da TI, tais como projetos de mobilidade, automação de serviços, computação em nuvem, sistemas de gestão empresarial (ERP), análise de negócios (BI), gestão de relacionamento com o cliente (CRM), integração de plataformas tecnológicas, entre outros. No Brasil, o Estado tem sido um grande propulsor do uso da tecnologia da informação, na medida em que tem obrigado as empresas a utilizarem plataformas digitais para atender às obrigações acessórias tributárias, como a emissão de notas fiscais eletrônicas (NF-e) e a realização de escriturações fiscais digitais para entrega ao fisco (Sped, Manad, etc.).

O reflexo direto disso é o exponencial crescimento das vendas dos sistemas integrados de gestão empresarial, conhecidos como sistemas *Enterprise Resource Planning* (ERP), os quais até a década passada eram um privilégio das grandes empresas, mas que agora chegam com força total às pequenas e médias empresas. Uma característica especial desses sistemas é a capacidade de agregação escalonada de módulos que vão sendo integrados sistemicamente, podendo gerar uma plataforma mais robusta e sofisticada que promove uma propensa inteligência nos negócios (*business intelligence*). Isso tem motivado um número crescente de organizações de menor porte a ancorar a operação de suas tesourarias a esse tipo de sistema. Em alguns casos, o efeito desses sistemas sobre a produtividade da tesouraria tem sido significativo.

Outro propulsor da informatização é o crescimento das operações de comércio eletrônico – tanto para a compra quanto para a venda de produtos e serviços. Dificilmente algum consumidor realiza suas necessidades de compra sem fazer uma busca na internet. E se encontrar o produto desejado

CONSIDERAÇÕES FINAIS

em algum canal eletrônico de vendas, certamente comprará para usufruir da comodidade e economia – em geral os preços na *web* são menores.

Soma-se a isso o fato de os bancos estarem tornando compulsória a utilização dos meios eletrônicos de pagamento. Para tal, estão reduzindo drasticamente as equipes de atendimento em suas agências e cobrando tarifas exorbitantes pelas transações manuais – cheques, ordens de pagamento no balcão, etc. Resta então o uso dos terminais eletrônicos – caixa eletrônico – ou o *home banking*.

Esse movimento demanda uma nova forma de relacionamento bancário. Até o final da década de 1990, o gerente de banco era praticamente um consultor financeiro das empresas, principalmente das pequenas e médias, por orientar sobre crédito e fazer uma análise financeira da situação da empresa. Na maioria das vezes, ele tinha um olhar mais ampliado de mercado que o empreendedor, pelo fato de que este sempre ficava muito focado em seu negócio. Os empreendedores praticamente tinham na figura do gerente do banco uma extensão da área financeira da empresa, pois ele recebia informações do mercado financeiro, relatórios de análise econômica, tendências de mercado, etc., e isso era repassado aos empreendedores e a suas respectivas áreas financeiras.

Os anos 1990 trouxeram muitas mudanças no cenário das empresas, em sua gestão financeira e no relacionamento com o banco. A presença mais atuante de instituições como o Serviço Brasileiro de Apoio às Micro e Pequenas Empresas (Sebrae), com os empreendedores, a chegada dos computadores pessoais nas empresas e, posteriormente, o advento da internet praticamente democratizaram as informações de mercado e trouxeram mais autonomia e responsabilidade aos empreendedores e gestores financeiros ao gerirem os recursos da empresa.

Principalmente com a chegada da tecnologia, o número de funcionários nas agências bancárias diminuiu drasticamente e as enormes filas – que tomavam o tempo de seus clientes – foram substituídas por pagamentos eletrônicos efetuados por meio do *internet home banking*. Da mesma forma, os extratos bancários que tinham de ser tirados apenas na agência bancária também foram rapidamente substituídos por extratos digitais.

Com a redução dos processos manuais nas agências bancárias e a proliferação dos recursos de TI, a tendência é a de que os bancos passem a ofertar cada vez mais soluções e serviços de apoio à tesouraria das organizações, especialmente em operações eletrônicas de transferência de fundos. A economia de escala obtida pelos bancos ao prestar esses serviços para uma base crescente de clientes tende a contribuir para a sua expansão. Do ponto de vista de apoio e orientação, os bancos devem intensificar a oferta de assessoria financeira para a identificação de soluções de crédito – empréstimos e financiamento – e de investimentos – aplicações financeiras.

Essa intensificação do uso de tecnologias nas transações bancárias impulsionará as atividades de contas a pagar e de contas a receber a utilizarem aplicativos informatizados, normalmente integrados com as áreas de vendas e compras. Como vantagem, os aplicativos informatizados de tesouraria possibilitam a realização da conciliação bancária automatizada. Ao substituir o procedimento manual de conferência dos extratos bancários com os lançamentos realizados na tesouraria e contabilidade, a conciliação automatizada reduz os erros e pode trazer significativos ganhos de produtividade – e redução da necessidade de horas de trabalho na função.

Outra tendência, decorrente da informatização, é a redução do uso de documentos impressos em papel, que passam a ser substituídos por arquivos eletrônicos. O Débito Direto Autorizado (DDA) é um bom exemplo disso, pois substitui a necessidade do boleto impresso, que no passado demandava a emissão de uma duplicata – praticamente em desuso. Da mesma forma, a nota fiscal eletrônica substitui a nota em papel, que até pouco tempo atrás era emitida a mão – isso mesmo, na caneta – em blocos com folhas e carbonos. A vantagem é a maior agilidade e o controle mais apurado das operações. Espera-se que em um futuro não muito distante as operações da tesouraria sejam todas executadas sem qualquer uso de papel.

No relacionamento com clientes e fornecedores, a tendência é a redução da tolerância a erros da contraparte. Por exemplo, clientes toleram cada vez menos os erros por cobrança indevida, que acarretam na sua inclusão em cadastros de inadimplentes (SCPC, Serasa, etc.). Um erro frequente na tesouraria é quando um título quitado não é baixado nos controles de contas a receber, sendo encaminhado para protesto. Tanto que se observa uma elevação substancial no número de litígios judiciais por danos materiais e morais. Vários são os casos de empresas condenadas a pagar uma indenização ao cliente por depositar o cheque pré-datado antes da data combinada.

Nesse sentido, a Súmula nº 370 do Supremo Tribunal de Justiça estabelece que se caracteriza como dano moral a apresentação antecipada de cheque pré-datado.

Do ponto de vista do perfil dos profissionais da tesouraria, seguindo o mesmo movimento das demais áreas administrativas, percebe-se um aumento da preferência por profissionais polivalentes. As organizações tendem a buscar profissionais capazes de atuar indistintamente em todas as funções da tesouraria – contas a pagar e a receber, operações de câmbio, investimento, financiamento, administração de fluxo de caixa, etc. Busca-se com isso a visão integrada e o aumento da produtividade na tesouraria, favorecendo uma redução de custos operacionais. Indo um pouco mais além, para conseguir uma evolução de carreira na área de tesouraria é – e cada vez mais será – necessário possuir um conjunto obrigatório de conhecimentos, que inclui: macro e microeconomia brasileira, produtos e serviços do mercado financeiro, matemática financeira, contabilidade – financeira e gerencial –, tributos, gerenciamento de riscos – *compliance* e controles internos –, gestão de pessoas, fluência em uma língua estrangeira – preferencialmente o inglês – e domínio de recursos da tecnologia da informação.

Com relação a este último item, por tudo que já foi exposto em relação ao processo de informatização das organizações, o conhecimento aprofundado de alguns recursos da tecnologia da informação passa a ser requisito obrigatório, até mesmo para as funções de auxiliar de tesouraria. Assim, além do conhecimento geral de planilha eletrônica – Microsoft® Excel –, com ênfase em suas funções financeiras, estatísticas e seus recursos de simulação (*Solver*), será fundamental compreender o funcionamento dos sistemas ERP. Portanto, se você ainda tem dificuldades em lidar com a tecnologia, este é o momento de tentar superá-las. Acredite e confie em seu potencial, assim você vencerá as suas dificuldades.

BIBLIOGRAFIA

BOTELHO, M. M. *Manual de controle interno: teoria & prática*. Curitiba: Editora Juruá, 2003.

BRUNI, A. L. *Avaliação de investimentos*. São Paulo: Atlas, 2008.

BRUNI, A. L. & FAMÁ, R. *Matemática financeira com HP12C e Excel*. 5ª ed. São Paulo: Atlas, 2008.

CÂNDIDO, J. *Levantamento de risco operacional e avaliação dos controles internos: contribuição ao estudo de uma metodologia*. Dissertação de mestrado. (Santa Catarina: Escola Superior de Administração e Gerência, Universidade do Estado de Santa Catarina – Udesc, 2007).

CASTRO, R. P. A. *Sistema de controle interno: uma perspectiva do modelo de gestão pública gerencial*. Belo Horizonte: Fórum, 2007.

CHIAVENATO, I. *Teoria geral da administração: abordagens descritivas e explicativas*. Vol. I. 7ª ed. Barueri: Editora Manole, 2014.

_____. *Teoria geral da administração: abordagens descritivas e explicativas*. Vol. II. 7ª ed. Barueri: Editora Manole, 2014.

FREZATTI, F. *Gestão do fluxo de caixa diário: como dispor de um instrumento para o gerenciamento do negócio*. São Paulo: Atlas, 2011.

GUIA DAS MELHORES PRÁTICAS DE GOVERNANÇA CORPORATIVA – 2005. Instituto Brasileiro de Governança Corporativa (IBGC). Disponível em www.ibgc.org.br. Acesso em 2-10-2009.

HISTÓRIA DA CADERNETA DE POUPANÇA. Caixa Econômica Federal. Disponível em http://www.caixa.gov.br/Voce/poupanca/historia.asp. Acesso em 28-01-2014.

HOOG, W. A. Z. & CARLIN, E. L. B. *Manual de auditoria contábil das sociedades empresárias – De acordo com o novo Código Civil – Lei nº 10.406/2002*. 2ª ed. Curitiba: Editora Juruá, 2007.

KUBICA, F. & CARVALHO, L. S. P. *Básico em administração*. São Paulo: Senac Editoras, 2014.

LATORRE, S. Z. *Mas, afinal, o que é essa tal de organização?* São Paulo: Editora Senac São Paulo, 2015.

MARION, J. C. *Contabilidade básica*. 10ª ed. São Paulo: Atlas, 2009.

MATESCO, V. R. & SCHENINI, P. H. *Economia para não-economistas: princípios básicos de economia para profissionais em mercados competitivos*. Rio de Janeiro: Editora Senac Rio, 2005.

MENDES, J. T. G. *Economia: fundamentos e aplicações*. São Paulo: Prentice Hall, 2004.

MIGLIAVACCA, P. N. *Controles internos nas organizações: um estudo abrangente dos princípios de controle interno/ferramentas para avaliação dos controles internos em sua organização*. 2ª ed. São Paulo: Edicta, 2004.

MOUGAYAR, W. *Blockchain para negócios: promessa, prática e aplicação da nova tecnologia da internet*. Rio de Janeiro: Alta Books, 2017.

NISHIYAMA, A. M. *Contratos bancários*. São Paulo: Atlas, 2007.

OLIVEIRA, M. A. M. & D'ÁVILA, M. Z. *Conceitos e técnicas de controles internos de organizações*. São Paulo: Nobel, 2002.

PASSOS, C. R. M. & NOGAMI, O. *Princípios de economia*. São Paulo: Pioneira Thomson Learning, 2003.

SÁ, C. A. *Fluxo de caixa: a visão da tesouraria e controladoria*. 3ª ed. São Paulo: Atlas, 2011.

SANTOS, E. O. *Administração financeira da pequena e média empresa*. 2ª ed. São Paulo: Atlas.

SCHENINI, P. H. & BONAVITA, J. R. *Finanças para não financistas: princípios básicos de finanças para profissionais em mercados competitivos*. Rio de Janeiro: Editora Senac Rio, 2004.

SILVA, E. C. *Como administrar o fluxo de caixa das empresas*. 6ª ed. São Paulo: Atlas, 2012.

TEIXEIRA, P. H. *Manual de controladoria empresarial*. Curitiba: Portal Tributário Editora e Maph Editora, 2008. Obra Eletrônica: www.portaltributario.com.br.

ZDANOWICZ, J. E. *Fluxo de caixa: uma decisão de planejamento e controle financeiro*. 10ª ed. Porto Alegre: Sagra Luzzatto, 2004.

Fontes para consultas

ADVFN. Taxa Selic. https://br.advfn.com/indicadores/taxa-selic/valores-historicos. Acesso em: 27-4-2018.

ASSOCIAÇÃO BRASILEIRA DAS ENTIDADES DOS MERCADOS FINANCEIRO E DE CAPITAIS (ANBIMA). http://portal.anbima.com.br.

BANCO CENTRAL DO BRASIL (BCB). http://www.bcb.gov.br. Acesso em 1-6-2018.

_____. http://www.bcb.gov.br/htms/spb/InstrumentosdePagamento-Nota2013.pdf. Acesso em 1-6-2015.

BANCO NACIONAL DE DESENVOLVIMENTO SOCIAL (BNDS). http://www.bndes.gov.br. Acesso em 1-6-2015.

_____. Taxa de juros de longo prazo. https://www.bndes.gov.br/wps/portal/site/home/financiamento/guia/custos-financeiros/taxa-juros-longo-prazo-tjlp. Acesso em 27-4-2018.

BOLSA DE VALORES, MERCADORIAS E FUTUROS (BM&F/Bovespa). http://www.bmfbovespa.com.br. Acesso em 1-6-2015.

CETIP. Certificado de Depósito Interfinanceiro. http://estatisticas.cetip.com.br/astec/series_v05/paginas/web_v04_10_03_consulta.asp. Acesso em 27-4-2018.

COMISSÃO DE VALORES MOBILIÁRIOS (CVM). http://www.cvm.gov.br. Acesso em 1-6-2015.

FEDERAÇÃO BRASILEIRA DE BANCOS (Febraban). http://www.febraban.org.br. Acesso em 1-6-2015.

INSTITUTO BRASILEIRO DE GEOGRAFIA E ESTATÍSTICA (IBGE). http://www.ibge.gov.br. Acesso em 1-6-2018.

PORTAL BRASIL. Taxa referencial. http://www.portalbrasil.net/tr_mensal.htm. Acesso em 22-4-2018.

PORTAL DA EDUCAÇÃO FINANCEIRA. *Como Investir – iniciativa da Anbima*. www.comoinvestir.com.br. Acesso em 1-6-2015.

PORTAL DO INVESTIDOR. Iniciativa da CVM. http://www.portaldoinvestidor.gov.br. Acesso em 1-6-2015.

SUPERINTENDÊNCIA DE SEGUROS PRIVADOS (Susep). http://www.susep.gov.br. Acesso em 1-6-2015.

TRADING ECONOMICS. Desempenho do Brasil no PIB. https://tradingeconomics.com/brazil/gdp-growth. Acesso em 20-4-2018.

MISTO
Papel produzido a partir
de fontes responsáveis
FSC® C122682